Collection
PROFIL
dirigée par

Série
PROFI

Boule de Suif
La Parure

MAUPASSANT

**Résumé
Personnages
Thèmes**

MICHEL VIEGNES
ancien élève de l'École normale supérieure
agrégé de lettres modernes
maître de conférence à l'université Stendhal
(Grenoble III)

HATIER

Titres à consulter dans le prolongement de cette étude sur *Boule de Suif* et *La Parure*

Sur l'œuvre de Maupassant

– Maupassant, *Une vie* (« Profil d'une œuvre », 103).
– Maupassant, *Bel-Ami* (« Profil d'une œuvre », 29).
– Maupassant, *Le Horla et autres contes fantastiques* (« Profil d'une œuvre », 84).
– Maupassant/Renoir, *Une partie de campagne*. (« Profil d'une œuvre », 185/186).

Sur le réalisme

– *Mémento de littérature française* (« Histoire littéraire », 128/129).
– Balzac, *Illusions perdues* (« Profil d'une œuvre », 85), chap. 8.
– Stendhal, *Le Rouge et le Noir* (« Profil d'une œuvre », 20), chap. 7.

Sur la question du point de vue

– Flaubert, *Un cœur simple* (« Profil d'une œuvre », 173), chap. 8.

Sur la guerre

– *La critique de la guerre* (« Oral de français - Groupement de textes », 155).

Sur le roman au XIXe siècle

– *Histoire de la littérature en France au XIXe siècle* (« Histoire littéraire », 123/124).

© HATIER, PARIS, 1996 ISSN 0750-2516 ISBN 2-218 **71164-8**

Toute représentation, traduction, adaptation ou reproduction, même partielle, par tous procédés, en tous pays, faite sans autorisation préalable est illicite et exposerait le contrevenant à des poursuites judiciaires. Réf. : *loi du 11 mars 1957, alinéas 2 et 3 de l'article 41.*
Une représentation ou reproduction sans autorisation de l'éditeur ou du Centre Français d'Exploitation du droit de Copie (3, rue Hautefeuille, 75006 PARIS) constituerait une contrefaçon sanctionnée par les articles 425 et suivants du Code Pénal.

SOMMAIRE

- **Fiche Profil :** *Boule de Suif, La Parure* 5
- **1. Biographie de Maupassant** 7
- **2. *Boule de Suif* : Résumé** 11
- **3. *Boule de Suif* : Les personnages** 18
- **4. *Boule de Suif* : Le contexte historique** 30
  - LA GUERRE FRANCO-PRUSSIENNE 30
  - LES DIFFÉRENTES OPINIONS POLITIQUES 31
- **5. *Boule de Suif* : structure du récit** 32
  - UNE NOUVELLE 32
  - LINÉARITÉ DE L'INTRIGUE 33
  - SYMÉTRIE ET RÉPÉTITIONS 33
- **6. *Boule de Suif* : focalisation et énonciation** 35
  - LA FOCALISATION 35
  - L'ÉNONCIATION 37
- **7. *Boule de Suif* : le temps et l'espace** 39
  - LA VITESSE DE NARRATION 39
  - L'ESPACE 41
- **8. Les thèmes** 43
  - L'ARGENT 43
  - LA NOURRITURE 44
  - LA GUERRE 45
- **9. *Boule de Suif* : une écriture réaliste ?** 47
  - LE RÉALISME DE « BOULE DE SUIF » 47
  - LES LIMITES DU RÉALISME 50
- **10. *Boule de Suif* : les techniques argumentatives** 52
  - LA FLATTERIE 53
  - LE RECOURS AUX EXEMPLES HÉROÏQUES 53
  - L'ARGUMENT RELIGIEUX 55
  - L'APPEL À LA CHARITÉ 56
  - LE SILENCE ET LE NON-DIT 56

- **11. *La Parure* : résumé** 58
- **12. *La Parure* : les personnages** 61
- **13. *La Parure* : structure du récit** 65
  - LA LECTURE RÉTROSPECTIVE 65
  - LE NON-DIT 66
- **14. *La Parure* : focalisation et énonciation** 67
  - LA FOCALISATION 67
  - L'ÉNONCIATION 67
- **15. *La Parure* : le traitement du temps** 71
  - L'ORDRE DES ÉVÉNEMENTS DANS LA NARRATION 71
  - LA VITESSE DE NARRATION 72
  - LA FRÉQUENCE DES ÉVÉNEMENTS DANS LA NARRATION 74
- **16. *La Parure* : modèles littéraires et sens moral** 75
  - LES MODÈLES LITTÉRAIRES 75
  - LE SENS MORAL DE « LA PARURE » 76

ÉLÉMENTS DE BIBLIOGRAPHIE 78
INDEX DES THÈMES ET DES NOTIONS 79

Les références de pages renvoient à l'édition du Livre de Poche, 1984. Édition établie et commentée par Marie-Claire Bancquart.

Fiche profil

Boule de Suif (1880)

GUY DE MAUPASSANT
(1850-1893)

NOUVELLE
XIXe siècle

RÉSUMÉ

L'action se situe en Normandie, pendant l'hiver 1870-71. La France vient de perdre la guerre contre la Prusse. Un groupe de dix personnes parviennent à retenir une diligence pour quitter Rouen, que viennent d'occuper les Prussiens. Parmi ces dix voyageurs se trouve une prostituée surnommée Boule de Suif. La plupart des autres voyageurs la regardent d'un air méprisant, jusqu'à ce que la faim les pousse à accepter de partager les provisions qu'elle seule a pensé à emporter. Rassasiés, ils se montrent plus courtois avec elle. À mi-parcours, dans la petite ville de Tôtes, un officier prussien oblige les voyageurs à descendre de diligence. Ils se rendent avec lui dans la seule auberge locale, où il vérifie leurs papiers. Il demande à voir Boule de Suif en privé, et celle-ci sort de l'entrevue rouge de colère. Le lendemain matin, les voyageurs découvrent que l'officier prussien a décidé de les retenir à l'auberge. Au bout d'un certain temps, Boule de Suif leur révèle que l'officier lui a demandé ses faveurs, et qu'il ne laissera personne repartir avant d'avoir obtenu ce qu'il désire. La plupart des voyageurs se concertent pour pousser Boule de Suif à céder. À la fin, la courtisane se sacrifie, la mort dans l'âme. Les voyageurs repartent en diligence, en laissant Boule de Suif pleurer seule dans son coin.

PERSONNAGES PRINCIPAUX

Boule de Suif. Une prostituée, très patriote.
Cornudet. Un révolutionnaire, patriotique mais faible.
Les Loiseau. Un couple de commerçants lâches.
Les Carré-Lamadon. De grands bourgeois.
Le comte et la comtesse de Bréville. Des nobles normands.
Deux religieuses. Une vieille et une jeune.
Les Follenvie. Le couple d'aubergistes.
L'officier prussien. Sans nom.

AXES DE LECTURE

1. Une nouvelle réaliste, relatant une anecdote sordide dans le contexte historique de la défaite de 1870.
2. Une critique féroce de l'hypocrisie des classes dominantes, ainsi que du clergé de l'époque.

Fiche profil

La Parure (1885)

GUY DE MAUPASSANT NOUVELLE
(1850-1893) XIXe siècle

RÉSUMÉ

M. Loisel est un modeste employé du ministère de l'Instruction publique, à Paris. Sa femme Mathilde, très raffinée, souffre de la médiocrité de leur vie, et rêve constamment d'une existence plus brillante. Un jour, une occasion s'offre de rompre la routine quotidienne : ils sont invités à un bal au ministère. Mais Mme Loisel se désole : elle n'a ni toilette ni bijoux. Son mari lui offre une robe élégante, et sa riche amie Mme Forestier lui prête un magnifique collier. Mathilde remporte un éclatant succès au bal ; mais une fois rentrée chez elle, catastrophe : elle a perdu le collier de son amie. Son mari fait des recherches, mais en vain. Le couple décide d'emprunter une somme énorme pour acheter un collier identique à celui de Mme Forestier. Celle-ci ne s'aperçoit pas de la substitution, et Mathilde, honteuse, ne lui dit rien.

Pendant dix ans, les Loisel s'épuisent à rembourser la somme qu'ils avaient empruntée. Ils y parviennent, mais Mathilde y perd sa jeunesse et sa beauté. Un jour, comme elle rencontre Mme Forestier, elle lui dit toute la vérité. Cette dernière est consternée : elle révèle à Mathilde que la parure de diamants qu'elle lui avait prêtée était fausse et ne valait pas un cinquantième de la somme que les Loisel se sont épuisés à rembourser.

PERSONNAGES PRINCIPAUX

M. et Mme Loisel. Un couple aux revenus modestes.
Mme Forestier. Une femme de la haute bourgeoisie, amie d'enfance de Mathilde.

AXES DE LECTURE

1. L'histoire d'une femme insatisfaite de sa vie modeste, à la manière de Mme Bovary, l'héroïne du roman de Gustave Flaubert.
2. Un conte moral, sur l'absurdité d'une vie gâchée.
3. Un chef-d'œuvre du récit court, dont la structure produit un remarquable effet dramatique.

1. Biographie de Maupassant

LA JEUNESSE ET LES DÉBUTS LITTÉRAIRES (1850-1870)

Henry René Albert Guy de Maupassant naît en 1850 dans une riche famille de petite noblesse. Il est le fils de Gustave de Maupassant et de Laure, née Le Poitevin. Quand il a dix ans, ses parents se séparent, et Guy suit sa mère à Étretat avec son jeune frère Hervé. Cette séparation semble avoir profondément marqué le futur écrivain. En 1863, Guy entre comme pensionnaire à l'institution ecclésiastique d'Yvetot, où il restera jusqu'à la classe de seconde. Pourtant, il est loin de s'y plaire. En 1868, Maupassant est expulsé de l'institut d'Yvetot pour avoir écrit des vers jugés « trop audacieux » par ses professeurs. Il entre ensuite au lycée de Rouen. Chaque dimanche, il rend visite à Louis Bouilhet, qui, avec son ami le grand romancier Gustave Flaubert, dirige sa formation littéraire. En 1869, Maupassant est reçu bachelier ès lettres. En novembre de cette même année, il s'installe à Paris et commence des études de droit.

Lorsque, en 1870, éclate la guerre franco-prussienne, Maupassant est mobilisé, mais parvient à se faire remplacer en 1871. En 1872, il est accepté à titre temporaire et sans salaire au ministère de la Marine, après plusieurs démarches. Il y exerce les fonctions de bibliothécaire. Un an plus tard, il obtient un poste rémunéré au même ministère. Pendant ce temps, il écrit ses premiers contes et commence à nouer des amitiés littéraires, comme avec l'écrivain russe Ivan Tourgueniev. En 1877, il obtient de l'avancement au ministère et une augmentation de salaire.

Mais, la même année, il doit aller faire une cure à Loèche, une station thermale en Suisse, à cause de sa mauvaise santé. Il semble qu'il soit sujet aux rhumatismes. En 1878, Maupassant travaille à son premier roman, *Une Vie*. Il entreprend ensuite un long voyage en Algérie, et rentre en France en passant par la Corse, Florence et Marseille. En 1880, paraissent *Les Soirées de Médan*. Ce recueil comprend cinq nouvelles — chacune par un auteur différent — qui traitent toutes de la guerre de 1870, dont « Boule de suif » de Maupassant. L'idée du recueil avait été conçue dans la résidence secondaire d'Émile Zola, à Médan, d'où son titre. Chacun des cinq auteurs s'y est efforcé d'appliquer les préceptes « naturalistes » de Zola. C'est un grand succès collectif, et la nouvelle de Maupassant est unanimement saluée comme un chef-d'œuvre. C'est ainsi que la juge Flaubert, qui fut, avec Zola, l'autre maître du jeune Maupassant en matière de littérature. En mai de cette même année 1880, le génial auteur de *Madame Bovary* meurt d'une crise cardiaque. Durant l'été, Maupassant fait un voyage en Corse, qui aura un impact considérable sur *Une Vie* et plusieurs contes. Tout semble réussir au jeune auteur, qui, en plus de ses succès littéraires, est connu pour ses succès féminins.

▇▇▇▇ TROUBLES MENTAUX ET APOGÉE LITTÉRAIRE (1880-1892)

Mais, à partir de 1881, la santé de Maupassant se détériore. L'écrivain souffre de névralgies et de violentes migraines. Loin de ralentir son activité, la maladie et la souffrance stimulent son besoin d'écrire. Plus tard dans l'année, il fait publier « La Maison Tellier », et l'année suivante, « Mademoiselle Fifi ». Durant cette même année, il fait un voyage à pied à travers la Bretagne, et voit la parution des *Contes de la Bécasse*. Ce recueil, comme les *Contes du jour et de la nuit*, rassemble des nouvelles qu'il avait publiées isolément dans des journaux, comme le *Gil Blas* ou *Le Gaulois*. Durant l'été, Maupassant se rend à « la Guillette », une villa qu'il a fait construire à Étretat.

Maupassant écrit de plus en plus : « Au soleil », « Clair de Lune », « Miss Hariet », « Les Sœurs Rondoli », et « Yvette » sont publiés en 1884. Mais sa santé se dégrade considérablement. Vers la fin de l'année se manifestent les premiers troubles nerveux et mentaux. En 1885, paraissent successivement les *Contes du jour et de la nuit*, où figure « la Parure », et le roman *Bel-Ami*, une satire mordante des mœurs parisiennes du temps. Vers la fin de l'été, Maupassant suit une cure à Châtel-Guyon, en Auvergne, une région qui lui inspire plusieurs récits. 1886 est une année plus tranquille. Notre auteur fait un voyage en Angleterre et publie « Monsieur Parent » et « La Petite Roque ». L'année suivante se passe à Étretat : Maupassant est sujet à des troubles hallucinatoires. En fin d'année paraissent *Mont Oriol* et « Le Horla », l'une de ses meilleures nouvelles fantastiques, où il évoque en fait ses propres hallucinations.

L'année 1888 s'annonce très chargée : Maupassant publie successivement deux romans : *Pierre et Jean* et *Le Rosier de Madame Husson*. La préface de *Pierre et Jean* est une étude littéraire importante, où il prend ses distances avec l'enseignement de Zola, en déclarant que le réalisme, en littérature, n'est qu'une forme particulière d'« illusionnisme ». Durant l'été 1888, il commence, sur son yacht le « Bel-Ami », un grand périple en Méditerranée, qui s'achèvera l'année suivante.

■■■■ DE LA DÉGRADATION À LA MORT (1889-1892)

En 1889, ses hallucinations deviennent plus graves et plus fréquentes. Le frère de Maupassant, Hervé, meurt en état de folie furieuse. Guy prend en charge sa nièce, désormais orpheline. En 1890, les hallucinations s'aggravent. Il commence à délirer : il se croit persécuté et devient très irritable. Son rythme de publication impressionnant finit par ralentir. En cette année 1890, il fait paraître *La Vie errante*, des impressions de voyages relatant son dernier long périple. L'année 1891 est terrible. Il consulte médecin sur médecin, mais ses troubles ne le quittent plus. Il s'enfonce dans le délire et la manie de la persécution. En fin

d'année, sa maladie commence à affecter ses facultés intellectuelles.

Pendant le repas de nouvel an, donné en 1892 par sa mère, Maupassant se montre particulièrement dérangé. Rentré chez lui, il tente par trois fois de se suicider en se tranchant la gorge. Quelques jours plus tard, il est interné à la clinique de Passy, d'où il ne sortira plus. Guy de Maupassant meurt à l'âge de 43 ans, le 6 juillet 1893. Il est enterré à Paris, au cimetière du Montparnasse. Plusieurs publications posthumes se succèdent jusqu'en 1912. Maupassant laisse une œuvre considérable : près de trois cents nouvelles, plusieurs romans, quelques comédies et des impressions de voyage.

En 1897, un monument à sa mémoire est inauguré à Rouen. Son nom, comme ceux de Corneille et de Flaubert, est associé à l'histoire littéraire de cette ville.

2 Boule de Suif
Résumé

Nous sommes au lendemain de la défaite de la France face à la Prusse, en 1870. La ville de Rouen est occupée par l'armée prussienne depuis plusieurs jours. Après une attente anxieuse, les habitants de Rouen ont quelque peu retrouvé leur vie quotidienne. Ils ménagent les officiers prussiens installés chez eux, et la vie semble quasi-normale dans la ville. Certains commerçants désirent reprendre leurs activités normales, et ensemble ils obtiennent du général en chef l'autorisation de partir pour le port du Havre. Une grande diligence est retenue et les dix personnes qui doivent aller au Havre décident de partir un mardi matin avant l'aube.

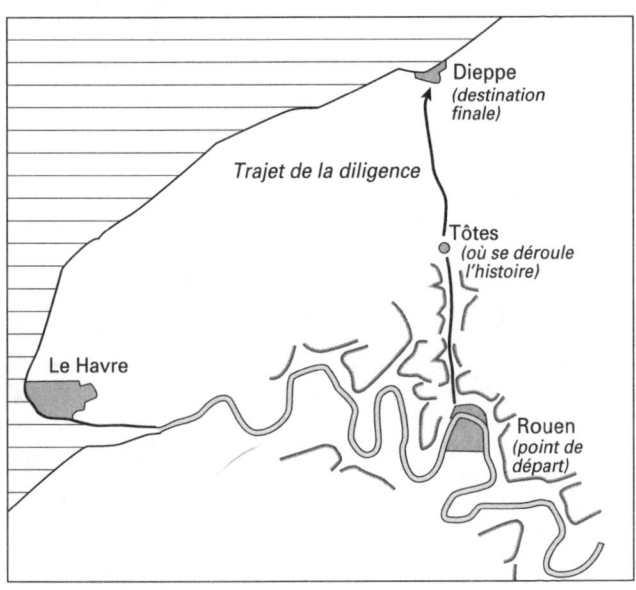

■ PREMIÈRE JOURNÉE EN DILIGENCE : LES VOYAGEURS FONT CONNAISSANCE (p. 21-34)

La première journée dans la diligence commence assez mal et finit plutôt bien. Après être partis à quatre heures du matin, les voyageurs s'examinent de la tête aux pieds.

Il y a là un riche marchand de vin et sa femme, M. et Mme Loiseau, un propriétaire de trois filatures de coton et son épouse, M. et Mme Carré-Lamadon, un couple de vieux aristocrates normands, le comte et la comtesse de Bréville, deux religieuses, un républicain du nom de Cornudet, surnommé « le démoc », et une prostituée surnommée Boule de Suif à cause de sa corpulence (suif = graisse). Les trois dames, rapprochées par la présence de cette « honte publique » font bande à part, tandis que leurs époux, repoussés par l'air républicain de Cornudet, parlent aussi entre eux. Deux religieuses, dans leur coin, « marmottent » des prières. Cependant, l'heure du déjeuner arrive, et l'appétit grandissant des voyageurs empêche la conversation. Ils avaient prévu de déjeuner à Tôtes, mais la neige a terriblement ralenti la diligence, et les voyageurs savent qu'ils ne seront pas à Tôtes avant le soir. Enfin, à trois heures de l'après-midi, alors qu'ils n'ont pas trouvé la moindre auberge, ils voient Boule de Suif se baisser et retirer de dessous la banquette un panier plein de provisions.

Tranquillement, elle commence à manger. D'abord, voyant que Loiseau dévore des yeux son panier, elle lui propose du poulet, qu'il accepte de grand cœur. Ensuite, Boule de Suif propose de la nourriture aux religieuses, puis à Cornudet, puis à Mme Loiseau. Seuls M. et Mme Carré-Lamadon et M. et Mme de Bréville restent à jeun. Mais tout à coup, Mme Carré-Lamadon s'évanouit. Après l'avoir ranimée avec du vin, Boule de Suif propose aux quatre autres voyageurs de partager sa collation. Devant tant de gentillesse, la glace se rompt peu à peu, et la conversation s'engage sur la guerre.

▰▰▰ PREMIÈRE NUIT À L'AUBERGE (p. 35-41)

Enfin, le soir, les dix voyageurs arrivent à Tôtes, et la diligence s'arrête devant l'hôtel du Commerce. Les voyageurs, heureux d'être enfin arrivés, s'apprêtent à descendre, quand ils entendent parler allemand. Ils restent un temps immobiles ; puis le cocher éclaire les passagers de sa lanterne, et ils voient un jeune officier prussien, extrêmement mince, portant une longue moustache très blonde. Avec un fort accent allemand, il invite les voyageurs à sortir de la diligence, ce qu'ils font, et les mène à la cuisine de l'auberge. Là, l'officier prussien les examine, vérifie leur autorisation de départ, puis il sort. Les voyageurs commandent le souper, et pendant qu'il est préparé, visitent leurs chambres. Ensuite, ils redescendent et se mettent à table, lorsque l'aubergiste vient dire à Boule de Suif que l'officier allemand demande à la voir. Elle refuse d'abord, puis cède, sur l'insistance de ses compagnons. Au bout de dix minutes, elle revient rouge de colère, en balbutiant, « Oh la canaille ! ». Mais elle refuse de dire à ses compagnons le motif de sa colère. Malgré cet incident, le dîner est fort gai, et lorsqu'il se termine, tout le monde, épuisé par cette journée de voyage, monte se coucher.

Cependant, Loiseau, une fois sa femme endormie, colle son oreille à la serrure de sa porte pour essayer de découvrir le secret de Boule de Suif. Au bout d'une heure, il la voit se diriger vers une porte au fond du couloir ; elle rencontre Cornudet, avec qui elle cause à voix basse. Malheureusement, Loiseau n'entend pas très bien et ne peut saisir que l'indignation de Boule de Suif, qui défend avec énergie l'entrée de sa chambre. Loiseau va se recoucher.

▰▰▰ L'OFFICIER PRUSSIEN REFUSE DE LAISSER REPARTIR LES VOYAGEURS (p. 42-47)

Le lendemain, à huit heures, tout le monde est dans la cuisine, prêt à partir. Cependant, la voiture n'est pas attelée et le cocher n'est pas là. Les hommes commencent à

le chercher dans l'auberge, et ne le trouvant point, sortent et vont voir en ville. Arrivés sur la place centrale, ils voient des soldats allemands qui travaillent, et, surpris, demandent à un bedeau la cause de ce fait curieux. Le bedeau leur répond que ces soldats sont bien aimables et qu'ils aident aux tâches ménagères. Cornudet, qui est très patriote, est offusqué par cette remarque, et rentre à l'auberge. Les messieurs finissent par trouver le cocher attablé au café du village. Celui-ci leur explique que l'officier prussien lui a ordonné de ne pas atteler. Inquiets, les trois hommes s'en retournent à l'auberge. Le comte et M. Carré-Lamadon parlent de politique, Cornudet fume sa pipe, Loiseau va en ville, et les dames montent dans leurs chambres. Tous attendent le réveil de l'aubergiste, le seul qui ait le droit de parler à l'officier prussien.

Enfin, vers les dix heures, l'aubergiste paraît ; on l'interroge, mais il ne peut que répéter ce que l'officier lui a dit. Le comte et M. Carré-Lamadon demandent une audience au Prussien, et celui-ci leur répond qu'il les verra après déjeuner. Les voyageurs, eux aussi, se mettent à table. Après le déjeuner, accompagnés de Loiseau, le comte et M. Carré-Lamadon vont voir l'officier, qui se montre hautain et insolent. Il refuse catégoriquement de les laisser partir, sans leur donner de raison. Les trois hommes redescendent et leur après-midi se passe à chercher la cause de ce refus. Deux heures avant le dîner, les voyageurs commencent une partie de cartes, au cours de laquelle le couple Loiseau triche.

▰▰▰ LES VOYAGEURS APPRENNENT LA CAUSE DU REFUS DE L'OFFICIER (p. 47-50)

Peu après, alors qu'ils se mettent tous à table, l'aubergiste vient pour demander de la part de l'officier si Boule de Suif n'a pas changé d'avis. Boule de Suif, debout, tremblante de fureur, répond avec dégoût qu'elle ne changera jamais d'avis. Le bonhomme sort ; les autres voyageurs la pressent de leur dire ce que veut le Prussien. D'abord elle refuse, puis elle cède : l'officier désire qu'elle lui accorde

ses faveurs. L'indignation éclate : tout le monde se met à plaindre Boule de Suif. Pourtant, la première fureur apaisée, ils dînent, en parlant peu. Après le repas, les dames se retirent dans leurs chambres, et les messieurs font une partie de cartes avec l'aubergiste. Ils l'interrogent habilement sur les moyens de vaincre la résistance de l'officier, mais l'aubergiste est pris uniquement par le jeu et n'écoute pas. Découragés, les hommes déclarent qu'il est temps pour eux de se mettre au lit.

La journée du lendemain est fort triste. À présent, les voyageurs ont une folle envie de quitter l'auberge et ils en veulent presque à Boule de Suif de ne pas se sacrifier pour eux. L'après-midi, le comte propose une promenade, puisqu'ils n'ont rien de mieux à faire. Seuls Cornudet et les religieuses restent à l'intérieur. Les promeneurs croisent sur leur chemin l'officier allemand qui fait rougir de honte Boule de Suif mais qui laisse aussi sur les trois épouses une forte impression. Le froid oblige cependant la petite troupe à vite rentrer à l'auberge. Les dames parlent de toilette et les hommes, sombres, réfléchissent. Ils dînent, puis vont se coucher.

■■■■ TROISIÈME JOUR À L'AUBERGE ET DÉBUT DE LA « CONSPIRATION » (p. 50-56)

Le lendemain matin, on célèbre dans la ville un baptême auquel Boule de Suif veut absolument assister, car elle est elle-même mère et ce baptême l'a fait subitement songer à son enfant. Après son départ, tout le monde se regarde.

Enfin Mme Loiseau, disant tout haut ce que les autres pensent tout bas, s'écrie que l'attente a assez duré. Que Boule de Suif fasse son métier, puisque c'est une prostituée. Tout le monde se rapproche, la conversation devient générale et les voyageurs établissent un plan qui doit convaincre Boule de Suif de céder à l'officier. Seuls Cornudet et les deux religieuses ne prennent point part à cette « conspiration ».

Boule de Suif rentre et raconte ce qu'elle a vu au baptême, en ajoutant qu'elle aime bien prier de temps en temps. Jusqu'à l'heure du déjeuner, tout le monde est

aimable avec elle pour gagner sa confiance. Puis ils se mettent à table, et l'aubergiste vient pour demander si Boule de Suif n'a pas changé d'avis. Devant sa réponse négative, les voyageurs commencent à manger et chacun avance son argument pour amener la prostituée à une attitude plus conciliante vis-à-vis de l'officier. La conversation tombe comme par hasard sur le dévouement : tout le monde cite des exemples de l'Antiquité : notamment Cléopâtre, qui accordait ses faveurs aux généraux ennemis pour les utiliser, et ces citoyennes de Rome qui avaient séduit Hannibal et ses hommes pour le même motif. Les deux religieuses, les yeux baissés, mangent tranquillement et Boule de Suif ne dit rien.

L'après-midi, les conjurés la laissent réfléchir. Mais au lieu de l'appeler « madame », comme ils l'avaient fait jusque-là, ils ne l'appellent plus que « mademoiselle », pour bien lui faire sentir sa position inférieure. Au dîner, comme tout le monde est à cours d'arguments pour convaincre Boule de Suif, l'idée vient à la comtesse que, si elle mêle la religion à leur conspiration, Boule de Suif cédera peut-être. Elle interroge habilement l'une des religieuses et parvient à lui faire dire que Dieu pardonne tous les moyens utilisés lorsque « le motif est pur » (p. 55). Tout le monde, ravi de l'appui inespéré de la religieuse, va se coucher en espérant une résolution de la crise.

QUATRIÈME JOURNÉE : BOULE DE SUIF CÈDE (p. 57-60)

Le lendemain matin, ils déjeunent tranquillement, voulant laisser à Boule de Suif le temps d'assimiler ce qui avait été dit la veille au souper. L'après-midi, la comtesse propose une promenade. Le comte prend le bras de Boule de Suif et marche plus lentement, de manière à pouvoir lui parler. Il la met en confiance, lui parle d'un ton familier, un peu dédaigneux, en l'appelant « ma chère enfant ». Il se met à la tutoyer, et en lui disant combien les voyageurs seraient reconnaissants du « service » qu'elle pourrait leur rendre. Boule de Suif ne répond pas, rentre à l'hôtel, et monte dans sa chambre pour réfléchir.

L'heure du dîner arrive et l'aubergiste descend pour annoncer que Boule de Suif est indisposée. Tout le monde se regarde, et le comte demande tout bas à l'aubergiste, qui prenait part à la conspiration, si tout va bien. Sur la réponse positive de l'aubergiste, Loiseau commande quatre bouteilles de champagne pour fêter le succès de l'entreprise. Les voyageurs sont tous devenus subitement joyeux ; ils ont compris que c'était enfin leur dernière soirée à l'auberge. Seul Cornudet reste grave, et quand Loiseau le lui fait remarquer, il se lève en s'écriant que ce qu'ont fait les voyageurs est une infamie, puis il se retire furieux. Loiseau, qui l'avait surpris avec Boule de Suif dans le couloir, comprend et explique à ses compagnons que Cornudet est jaloux.

▬▬▬ DÉPART DE L'AUBERGE ET HUMILIATION DE BOULE DE SUIF (p. 61-65)

Le lendemain, on attelle enfin la diligence et l'on n'attend plus que Boule de Suif pour partir. Lorsqu'elle arrive enfin, les yeux rougis, pâle et défaite, tout le monde se détourne d'elle. Ils montent tous en voiture. Certains voyageurs l'ignorent, d'autres la regardent dédaigneusement. L'heure du déjeuner approche ; cette fois-ci personne n'a oublié d'emporter des provisions, sauf Boule de Suif, mais aucun des passagers ne lui propose de partager son déjeuner avec elle. Furieuse, elle se met à songer : elle leur avait offert de partager sa collation pendant la première partie du voyage, puis elle s'est sacrifiée en satisfaisant le caprice de cet officier prussien, pour qu'ils puissent repartir. Et voilà maintenant comment on la traite !

Sa fureur fait place aux larmes. Elle espère que personne ne la verra ; cependant la comtesse s'en aperçoit et le dit à son mari, qui hausse les épaules. Enfin tout le monde termine son repas. Les deux religieuses recommencent leurs prières. Cornudet se met dans une position confortable et commence à siffler *La Marseillaise*. Dans la diligence qui poursuit sa route vers Dieppe, Boule de Suif pleure toujours, inconsolée.

3 Boule de Suif
Les personnages

Les personnages de *Boule de Suif* forment une image en réduction de toute la société française de l'époque. Il est clair, en effet, que Maupassant a voulu représenter les diverses classes sociales et un riche éventail de types humains.

BOULE DE SUIF

Cette sympathique fille publique n'est désignée, tout au long de la nouvelle, que par le sobriquet peu flatteur que lui ont donné ses clients. « Boule de suif » est une allusion à son physique rond et gras : « suif » est synonyme de graisse.

Le narrateur la désigne d'abord par ce surnom ; il faut attendre plus de vingt pages avant d'apprendre son vrai nom, Élisabeth Rousset. Ce simple détail indique assez qu'elle n'a pas sa place parmi la société « honnête ». Le nom est en effet une marque de respectabilité. Le sien n'est prononcé que trois fois au cours de l'histoire, et dans un contexte infamant, puisque c'est lorsqu'on lui demande si elle accepte de céder au désir de l'officier.

Son personnage est construit sur une apparente contradiction entre sa vie de prostituée et son attachement à de grands principes, notamment le patriotisme, et son respect pour l'Église et l'empereur.

Une âme généreuse et patriote

Boule de suif n'est pas une intellectuelle. Pourtant, Maupassant ne la présente pas comme tout à fait stupide. Elle est plutôt naïve, inconsciente jusqu'à la dernière scène de la malveillance fondamentale des autres voyageurs. Mais cette naïveté est la conséquence de sa nature généreuse, qui la pousse à faire confiance aux autres, et à vouloir spontanément les aider. On le voit très bien lors du premier jour de voyage, lorsqu'elle offre toutes ses provi-

sions à ses compagnons de diligence. Ce sacrifice, pour elle, n'est pas léger : tout, dans son physique, indique une extrême gourmandise. Lorsqu'elle cède finalement à l'officier prussien, c'est clairement pour complaire aux autres voyageurs. Elle-même, on le sent, aurait résisté jusqu'au bout si elle avait été seule. Du reste, le Prussien, qui « connaît la nature humaine » (p. 51), l'a bien compris, et c'est pour cela qu'il retient tous les voyageurs à l'auberge. Il compte sur ces êtres veules et lâches pour faire fléchir la généreuse et patriotique fille vénale.

Un caractère amusant de Boule de suif est son respect sincère et total pour les grandes institutions que devraient normalement représenter cette société « honnête » qui la méprise : la patrie, l'Église et le trône.

Son patriotisme est tout à fait spontané : si elle se trouve dans la diligence avec les autres voyageurs, c'est parce qu'elle a agressé physiquement un militaire prussien qui était venu réquisitionner son domicile rouennais. Cet acte, inspiré par l'amour de la France et la haine de l'ennemi, l'a obligée à fuir Rouen, où elle est probablement recherchée par les Prussiens. Cette haine de l'occupant se manifeste aussi par une violence verbale : elle charge l'aubergiste de transmettre son refus catégorique à « cette crapule, à ce saligaud, à cette charogne de Prussien » (p. 47).

Elle exprime également ses scrupules patriotiques de manière symbolique. Lorsque Cornudet lui demande ses faveurs, la brave fille refuse, non pas parce que Cornudet lui déplaît, mais à cause de la présence, sous le même toit, de l'officier prussien. Enfin, lorsque ce dernier fait descendre les voyageurs de la diligence, c'est elle qui descend en dernier, voulant par là défier ce militaire arrogant.

Une fille dévote et bonapartiste

Le paradoxe le plus amusant de Boule de Suif est son respect pour la religion. Dans la diligence, après avoir offert de la nourriture à Loiseau, elle en propose aux deux religieuses, d'une voix « humble et douce ». Ce sont également les arguments de la vieille religieuse, habilement sollicités par la comtesse de Bréville, qui semblent finalement faire céder Boule de Suif, vers la fin de la nouvelle. La nonne, en effet, insiste sur le fait que Dieu pardonne un

acte peu recommandable en soi, s'il est accompli avec une bonne intention.

Enfin, pendant le séjour forcé à Tôtes, elle se rend à l'église, et explique à ses compagnons que « c'est si bon de prier quelquefois ». Sa piété apparaît donc peut-être intermittente, mais tout à fait sincère ; elle contraste avec les prières mécaniques des deux religieuses et la religiosité hypocrite de la comtesse, qui n'hésite pas à utiliser la religion pour pousser Boule de Suif dans les bras de l'Allemand.

En politique, Boule de Suif est très conservatrice, et se déclare fidèle à l'empereur déchu. Elle s'emporte violemment contre Cornudet lorsque celui-ci attribue les malheurs de la France à « cette crapule de Badinguet » (p. 33). Badinguet était le sobriquet de Napoléon III. Ulcérée de l'irrespect de Cornudet, la prostituée lui clame le mépris qu'elle éprouve pour « les polissons comme vous ». D'après le contexte, ce « vous » est un vous collectif : elle ne s'adresse pas uniquement à Cornudet, mais à tous ceux qui, comme lui, ont selon elle « trahi » l'empereur. Il est probable qu'elle fait allusion ici aux républicains, surtout à ceux de gauche, comme son voisin.

On pourrait trouver invraisemblable le conservatisme social de Boule de Suif, qui est rejetée et marginalisée par l'ordre social même qu'elle admire et respecte. Notons que Boule de Suif, qui a une maison à Rouen et une domestique, n'est pas une prostituée de bas étage, mais plutôt ce qu'on appelait à l'époque une « demi-mondaine » : ses clients devaient être des bourgeois. Elle vit donc de cet ordre social et de ses vices privés.

Une victime solitaire

Mais finalement, elle se retrouve complètement mise à l'écart par tous les autres voyageurs, après avoir obtenu leur libération en cédant à l'officier. Ces êtres hypocrites et ingrats, qui « l'avaient sacrifiée d'abord, rejetée ensuite » (p. 63), ne lui offrent seulement pas à manger. Le dernier mot de la nouvelle est « ténèbres ». Au premier degré, il s'agit bien sûr de la nuit qui est tombée, et qui a plongé l'intérieur de la diligence dans l'obscurité ; mais symboliquement, ces ténèbres traduisent la tristesse et la solitude de cette victime.

CORNUDET

Ce personnage est défini essentiellement par ses opinions politiques : c'est un démocrate, ennemi du régime impérial et de la bourgeoisie qui s'y est rallié : d'où son surnom « Cornudet le démoc » (p. 25). A priori, il apparaît plus sympathique que les autres personnages, et le fait qu'il soit ostracisé le rapproche de Boule de Suif. D'ailleurs, celle-ci s'appelle Élisabeth Rousset, et Maupassant a doté Cornudet d'une barbe de couleur « rousse ». Il y a peut-être là un clin d'œil de l'auteur, qui veut symboliser ainsi le rapprochement entre ces deux personnages. Mais en définitive Cornudet est un faible qui, à sa manière, trahit également Boule de Suif.

Un être faux et vaniteux

Lorsqu'il présente un à un les dix voyageurs de la diligence, Maupassant insiste sur le côté vain et ridicule du personnage. Cornudet est lui-même un fils de bourgeois, qui a hérité d'« une assez belle fortune ». Ses actes révolutionnaires se bornent surtout à de grands discours, et sa bravoure devant l'ennemi est assez superficielle. Il s'est contenté de semer des pièges et de dresser des barricades, pour s'enfuir comme les autres dès que les Prussiens approchent.

On voit chez lui une attitude similaire à la fin de la nouvelle. Au lieu de défendre Boule de Suif et d'affronter directement les bourgeois qui la laissent pleurer dans son coin, il se contente de les narguer en chantant *La Marseillaise*. Rappelons qu'en 1870, ce chant n'était pas encore l'hymne national. Il ne l'avait été que quelques années, pendant la Révolution française ; les régimes suivants l'avaient rejeté. Ce chant, dans la bouche de Cornudet, exprime donc le patriotisme, mais un patriotisme révolutionnaire. D'une part, les fiers couplets font honte aux bourgeois de leur lâcheté, et d'autre part, ces couplets leur lancent un défi d'extrême-gauche. Mais ce défi de Cornudet ne satisfait que son amour-propre : il ne fait rien pour changer la situation ni pour consoler Boule de Suif.

La vanité de son patriotisme apparaît clairement lorsqu'il considère celui, réel, de Boule de Suif, d'un air suffisant et un peu dédaigneux. « Les démocrates à longue barbe,

commente alors Maupassant, ont le monopole du patriotisme, comme les hommes en soutane ont celui de la religion » (p. 33). Pour l'auteur, la foi républicaine de Cornudet est aussi hypocrite et présomptueuse que la foi religieuse du clergé. Cette critique est forte sous la plume d'un auteur aussi anticlérical que Maupassant, qui ne cesse, au cours de la nouvelle, de ridiculiser les gens d'église, comme les deux bonnes sœurs et le bedeau de Tôtes.

Un jaloux

Si Cornudet, en définitive, montre peu de solidarité envers Boule de Suif, dont sa qualité de « marginal » le rapproche pourtant, c'est sans doute parce qu'il est dépité qu'elle ait refusé ses avances. Celle-ci, en effet, lui refuse l'entrée de sa chambre par « pudeur patriotique ». Autrement dit, la femme « facile » ne veut pas se prostituer dans une auberge qui abrite un militaire ennemi.

Un peu plus tard, lorsque Cornudet clame à toute la compagnie qu'ils ont commis une « infamie » le soir où Boule de Suif est montée dans la chambre de l'officier, Loiseau perce ses motifs secrets à jour. C'est, d'après lui, la jalousie, et non le patriotisme, qui a fait sortir Cornudet de sa réserve. Certes, ceci n'est pas le jugement de Maupassant lui-même, mais celui d'un personnage vulgaire et méprisable. Toutefois, dans le contexte général de la nouvelle, il ne manque pas d'une certaine vraisemblance. Cornudet, malgré son sentiment de supériorité morale, est sans doute aussi égoïste que les bourgeois qu'il exècre.

▰▰▰▰ LE MÉNAGE LOISEAU

Voyons donc les trois couples qui composent la « bonne » société, par ordre ascendant de niveau social. Commençons par le moins raffiné de ces ménages, les Loiseau.

Monsieur Loiseau : un parvenu vulgaire et un « filou »

Contrairement à M. Carré-Lamadon, qui est un grand bourgeois dans l'âme, Loiseau est un homme du peuple,

sans dignité ni éducation. C'est seulement sa réussite financière qui l'a rangé du côté des bourgeois. En ce sens, il n'est qu'un « parvenu ».

Sa nature vulgaire se manifeste par son goût pour les plaisanteries sexuelles, comme on le voit pendant la scène du dîner final. On remarque également qu'il ne sait pas se tenir : il est le premier à se plaindre de la faim dans la diligence. Du reste, c'est le seul moment de la nouvelle où il se montre sympathique : en effet, il exprime sans honte cette faim que tous les voyageurs ressentent, et son côté simple, qui contraste avec l'attitude guindée des autres bourgeois, l'amène à accepter volontiers la nourriture de Boule de Suif et le rhum de Cornudet, que les autres dédaignent.

Maupassant insiste sur sa bassesse morale. Même ses amis le considèrent comme un « fripon madré », c'est-à-dire rusé. Le vin qu'il vend est plusieurs fois qualifié de médiocre. Il n'a aucun scrupule patriotique, et compte bien exiger au Havre le paiement, par l'armée française, de l'infâme piquette qu'il lui a vendue.

Il se montre particulièrement bas lorsque, bouillant de rage et d'impatience devant le refus obstiné de Boule de Suif, il propose à ses compagnons de la livrer « pieds et poings liés » à l'officier prussien. La ruse et la malhonnêteté font à ce point partie de sa nature qu'il ne peut s'empêcher de tricher en jouant aux cartes, avec la complicité de son épouse.

Madame Loiseau

Sa femme est d'un caractère aussi méprisable que lui, bien qu'elle soit très différente. Si Loiseau est, dans ses meilleurs moments, bon vivant et convivial, Mme Loiseau, elle, est dure et sèche. Son « âme de gendarme » (p. 32) ne comporte pas un atome de générosité ni d'humour. On le voit très bien lorsque son mari, par plaisanterie, dit à la compagnie, au cours de la première journée du voyage, que sa faim est telle qu'il paierait cent francs pour un simple jambonneau. Mme Loiseau a un geste de dépit, car elle est tellement avare qu'elle ne comprend même pas les plaisanteries au sujet de l'argent. La différence de caractère entre les deux époux Loiseau se reflète dans leur

physique : alors que Loiseau est petit, gras et rougeaud, sa femme est grande, et tout son corps n'est qu'une « dure carcasse » (p. 41). Sur un point, elle lui ressemble : elle est aussi peu scrupuleuse que son époux, et s'entend très bien avec lui pour tricher aux cartes (p. 47).

▄▄▄▄ LES CARRÉ-LAMADON

Plus riches que les Loiseau, les Carré-Lamadon sont aussi, comme dit Maupassant, d'une « caste supérieure ». Ce sont de « vrais » bourgeois, avec toute l'éducation et la tenue que ce statut implique. Mais là encore, ces vertus ne sont que surface et apparence.

Industriel normand, riche et respecté, M. Carré-Lamadon est un homme qui vit constamment dans l'hypocrisie. Durant le régime impérial, il a fait figure d'opposant politique, mais, comme nous le dit Maupassant, c'est uniquement pour se faire « payer plus cher son ralliement » (p. 24). Il n'a donc pas de véritables et honnêtes convictions politiques. Son seul idéal est l'argent et le prestige social.

Cette absence de convictions entraîne chez lui de flagrantes contradictions internes. Si, d'une part, il admire le panache militaire, ce grand commerçant déplore, d'autre part, que l'armée coûte aussi cher à l'État, et emploie de manière « improductive » quantité de bras que l'on pourrait utiliser pour « de grands travaux industriels » (p. 40). À travers lui, Maupassant stigmatise l'ambiguïté idéologique de la grande bourgeoisie marchande.

L'auteur est encore plus sévère avec la femme de M. Carré-Lamadon, qu'il décrit comme jeune et jolie. Cette dernière, en effet, montre beaucoup de dédain pour Boule de Suif, mais elle n'est guère plus vertueuse que la prostituée. En effet, la « jolie Mme Carré-Lamadon » est « la consolation des officiers de bonne famille envoyés à Rouen en garnison » (p. 24). Cette phrase en dit long : elle trompe probablement son mari — qu'elle n'a sans doute épousé que pour son argent — avec des hommes plus jeunes que lui. Du reste, sa faiblesse pour les jeunes officiers est confirmée plus loin dans la nouvelle. L'officier prussien lui paraît « pas mal du tout » (p. 50), et c'est là, de

sa part, un jugement de « connaisseur ». Malgré sa façade de respectabilité bourgeoise, elle est aussi légère, sinon plus, que Boule de Suif.

LES BRÉVILLE

Après la petite puis la grande bourgeoisie, Maupassant nous présente, avec le comte et la comtesse de Bréville, le plus haut niveau social, celui de l'aristocratie. Les nobles sont aussi lâches et hypocrites que les bourgeois.

Traditionnellement, l'ancienne noblesse basait sa supériorité sur deux vertus, le courage et l'honneur. Le comte de Bréville ne possède ni l'un ni l'autre. Loin d'être un tempérament guerrier, Maupassant nous le présente comme un « diplomate » : il est issu de « trois générations d'ambassadeurs » (p. 52). Ce trait, qui n'est pas négatif en soi, équivaut, chez le comte, à une attitude lâche et obséquieuse. Loin d'approuver le courage de Boule de Suif, il encourage celle-ci à céder au Prussien, car « Il ne faut jamais résister aux gens qui sont les plus forts » (p. 37). Cette lâcheté érigée en philosophie est d'autant plus méprisable que le comte se targue d'être un descendant de Henri IV, à qui il s'efforce même de ressembler physiquement. Or ce roi est dans l'histoire de France le modèle d'un vrai diplomate, chez qui l'amour de la paix se doublait, chaque fois qu'il le fallait, d'une grande bravoure militaire.

La seule marque de supériorité que possède le comte est le contrôle qu'il a de lui-même, et son esprit d'initiative : c'est lui qui s'impose naturellement comme la tête de la « conspiration » destinée à faire fléchir Boule de Suif. Il possède également l'art de la parole : que ce soit pour parler à l'officier prussien, à ses compagnons, ou surtout à Boule de Suif, il sait toujours employer les mots et le ton adaptés à son public. Mais il n'est, précisément, qu'un homme de discours : chez lui, la noblesse n'est que forme et apparence.

La comtesse, comme son mari, excelle dans l'art de paraître. Elle a « grand air », comme le précise Maupassant, ce qui lui a permis, bien qu'elle ne soit pas noble de naissance, d'être acceptée par l'aristocratie normande. Vis-à-vis de Boule de Suif, elle sait se montrer douce et aimable,

mais cette attitude trahit avant tout de la condescendance et un énorme complexe de supériorité.

Comme le comte, elle a le sens de l'initiative, et c'est elle qui a l'idée d'utiliser des arguments tirés de la religion pour faire céder Boule de Suif. Très rusée, elle amène la vieille religieuse à dire que Dieu serait tout disposé, vu les circonstances, à pardonner à Boule de Suif son « péché ». Cette grande dame, comme les autres, finit par s'amuser « comme une folle » des plaisanteries obscènes de Loiseau, lors du dîner bien arrosé où les voyageurs fêtent la capitulation de Boule de Suif (p. 60).

LES DEUX RELIGIEUSES

À travers les deux religieuses, Maupassant fait une caricature féroce de l'hypocrisie et de la bigoterie. Il était logique pour lui d'inclure des personnages représentant le clergé, car la religion officielle sert de base idéologique et de justification à la domination des classes supérieures. Ces dernières, représentées par les trois couples que nous venons d'analyser, constituent la « bonne » société, qui a « de la Religion et des Principes » (p. 25).

Dans cette nouvelle, nous avons vu que presque tous les personnages sont associés en couples. À part les trois couples mariés, il y a le duo Boule de Suif-Cornudet, et celui des deux nonnes. Ironiquement, ces dernières forment presque un « couple » car l'une, la plus âgée, est présentée comme très masculine, alors que la plus jeune, sa « chère sœur Saint-Nicéphore » est « mignonne » et fragile, d'un aspect maladif.

Pendant presque toute la nouvelle, les deux religieuses apparaissent comme de véritables automates, déshumanisées par leur discipline monastique et leur pratique toute mécanique de la prière et du chapelet. Elles ont également des réflexes d'esclaves : lorsque l'officier prussien fait descendre les voyageurs de la calèche, elles obéissent les premières, en « saintes filles habituées à toutes les soumissions » (p. 36). La plus âgée des deux nonnes est présentée comme une « virago », c'est-à-dire une femme d'allure très masculine. Cela tient à sa fréquentation des armées, car on apprend, vers la fin de la nouvelle, qu'elle a

passé sa vie à soigner les blessés sur les champs de bataille. C'est « une vraie bonne sœur Ran-tan-plan » (p. 56), et si Mme Loiseau possède une « âme de gendarme », cette nonne a, quant à elle, une âme de soldat.

C'est elle qui achève de vaincre la résistance de Boule de Suif en affirmant qu'un péché est vite pardonné s'il est accompli pour des motifs louables. Est-elle consciente des implications de ce qu'elle dit, ou bien n'est-elle qu'une sotte, qui dit ce que la comtesse, très habilement, l'amène à dire ? Quoi qu'il en soit, sa philosophie morale est, pour le moins, très opportuniste.

▰▰▰ LES NON-VOYAGEURS

Considérons maintenant les personnages importants qui n'appartiennent pas au groupe des dix voyageurs. Il s'agit bien sûr de l'officier prussien, et du couple d'aubergistes.

L'officier prussien

Le jeune officier prussien n'est pas, dans la nouvelle, un personnage aussi bien décrit psychologiquement que les dix voyageurs. Plus qu'un individu, c'est un symbole de la « goujaterie naturelle du militaire victorieux » (p. 45). Toute son attitude est caractérisée par la tyrannie la plus arbitraire. Il ne prend même pas la peine d'expliquer aux voyageurs son refus de les laisser partir : « Che ne feux pas[...] foilà tout » répond-il au comte, qui l'a interrogé poliment (p. 46). C'est indirectement, par Boule de Suif elle-même, que les voyageurs apprennent la cause de ce refus.

Maupassant fait de lui une caricature impitoyable. Il imite son accent allemand, qui déforme les consonnes en français, comme nous venons de le voir ci-dessus. Physiquement, l'officier est ridiculement guindé : il est serré dans son uniforme « comme une fille en son corset », et sa moustache est « démesurée », comme son arrogance (p. 35).

Les aubergistes

Le couple des Follenvie, qui tient l'auberge de Tôtes est également une bonne caricature d'un certain type social.

Ce sont de petits bourgeois issus du peuple, sans grande éducation, comme les Loiseau. Du reste, Loiseau ne tarde pas à sympathiser avec l'aubergiste, au point que ce dernier lui passe une commande de vin. Toutefois, ils sont plus sympathiques que les Loiseau, car ils apparaissent dénués de prétentions. Mme Follenvie, lorsqu'elle confie aux voyageurs ses impressions sur la guerre et l'armée prussienne, fait preuve d'un tel « bon sens » paysan qu'elle impressionne le suffisant M. Carré-Lamadon. Il est probable que Maupassant, à travers elle, exprime en partie son propre point de vue.

En revanche, le narrateur présente le mari dans une lumière moins indulgente. Le gros Follenvie est assez lâche, et la franchise avec laquelle sa femme parle à des inconnus ne manque pas de l'inquiéter. Il lui conseille à plusieurs reprises de se taire. D'autre part, il joue le rôle de messager de l'officier prussien : c'est lui qui vient demander à Boule de Suif, de la part du militaire, si elle veut bien céder à son caprice. Ce simple fait le rend passivement complice du vainqueur despotique. Follenvie se préoccupe fort peu du malheur de la France et de l'infortune de Boule de Suif : ce qui compte à ses yeux est de préserver son auberge et ses intérêts personnels. À cet égard, il appartient bien à la même catégorie que Loiseau, Carré-Lamadon et le comte.

▰▰ LES PERSONNAGES SECONDAIRES

Mentionnons seulement, dans cette catégorie, les soldats, le cocher et le bedeau de Tôtes.

Maupassant ne se prive pas d'égratigner les représentants peu glorieux de l'armée française. Bien que pitoyablement vaincus, ceux-ci n'en restent pas moins empanachés d'orgueil. Les officiers surtout sont des « fanfarons ». Un an plus tôt, avant la guerre, ils se montraient aussi arrogants vis-à-vis de la population civile de Rouen que les officiers prussiens qui occupent désormais la ville. Quant aux simples soldats, ils ont « des airs de bandits » (p. 16) et sont des « pillards débauchés » qui font plus peur à leurs propres officiers qu'à l'ennemi. Par

ailleurs, ils ne montrent qu'une incompétence déplorable sur le plan militaire.

Les Prussiens, par contraste, font l'effet d'une armée puissante et disciplinée, mais sous la plume de Maupassant, ces qualités proprement militaires les déshumanisent. Ils ne sont pas des individus, mais une simple « masse noire » et des « flots envahisseurs » (p. 17).

Le cocher de la diligence et le bedeau de Tôtes ne jouent qu'un rôle très secondaire. Le cocher est un personnage passif, qui obéit sans poser de questions lorsqu'on lui interdit de repartir de Tôtes jusqu'à nouvel ordre. Quant au bedeau, l'anticléricalisme affiché de Maupassant l'amène à décrire ce personnage secondaire avec autant d'ironie que les deux religieuses. Rappelons qu'un bedeau est un assistant du prêtre, qui s'occupe de sonner les cloches. Ce « vieux rat d'église (p. 42) » admire sans réserves les soldats allemands qui occupent Tôtes.

Il utilise le même argument que Mme Follenvie : « C'est les grands qui font la guerre » (p. 43). Les soldats ennemis, à ses yeux, sont des victimes de leurs dirigeants, autant que les Français occupés. En fait, cette attitude conciliante lui est inspirée par sa bêtise, d'une part, et par sa lâcheté de l'autre. Cette distinction entre les « grands » et les « pauvres » soldats le dispense de se montrer courageux, ou simplement distant, vis-à-vis des occupants.

On peut donc mesurer, à travers tous ces personnages, la piètre opinion de Maupassant pour ses compatriotes, et pour leur attitude lors de la débâcle de 1870. À part Boule de Suif, tous ces personnages se révèlent, dans l'épreuve, égoïstes, cyniques, hypocrites, dénués d'honneur et de vrai patriotisme.

4 Boule de Suif
Le contexte historique

LA GUERRE FRANCO-PRUSSIENNE

La nouvelle se situe en plein hiver, quelques mois après que la défaite militaire de la France contre la Prusse a forcé l'Empereur Napoléon III à abdiquer, le 4 septembre 1870. Louis-Napoléon Bonaparte, neveu de Napoléon Ier, avait été élu président de la République en 1848. Rêvant de restaurer la gloire que son oncle avait donnée à la France, il fomente un coup d'état le 2 décembre 1851, et se fait proclamer Empereur l'année suivante, sous le nom de Napoléon III.

Jusqu'en 1859, Napoléon III règne de façon autoritaire : les opposants les plus irréductibles doivent s'exiler, tel Victor Hugo. À partir de 1859, l'Empereur devient plus libéral. Mais, comme son oncle, son ambition militaire va le perdre. En 1870, il déclare la guerre à la Prusse. En quelques semaines, l'armée française est en déroute.

Après la chute de l'Empire, le 4 septembre, un gouvernement provisoire proclame le rétablissement de la République. Les nouveaux dirigeants de la France tentent de rétablir la situation sur le plan militaire, sans succès. Au printemps 1871, ils signent un traité de paix avec la Prusse. Celle-ci devient l'Empire d'Allemagne, et annexe l'Alsace et la Lorraine.

Boule de Suif se déroule donc pendant la période chaotique entre la chute du Second Empire et la signature d'une paix humiliante avec la Prusse. L'armée prussienne a le dessus, mais il reste encore des poches de résistance contre les envahisseurs, notamment au Havre, où un régiment français s'est replié, prêt à contre-attaquer. Le comte de Bréville craint justement de se trouver, avec les autres voyageurs retenus à Tôtes, dans une zone de bataille.

LES DIFFÉRENTES OPINIONS POLITIQUES

Les personnages de *Boule de Suif* offrent un échantillon des trois grandes familles politiques dans la France de l'époque : les royalistes, les bonapartistes et les républicains.

À « droite », on trouve le comte de Bréville, qui est « orléaniste », c'est-à-dire partisan des Orléans, la branche cadette de la dynastie royale française. Le roi Louis-Philippe, issu de cette famille, a régné en France de 1830 à 1848. La comtesse de Bréville passe pour avoir été aimée par l'un de ses fils. Les Orléanistes espèrent restaurer la monarchie, après la chute de Napoléon III.

Les partisans de ce dernier se nomment les bonapartistes, du nom de la célèbre famille corse. La seule bonapartiste déclarée est Boule de Suif. Elle se met en colère lorsque Cornudet appelle l'Empereur « Badinguet », surnom moqueur dont ses opposants l'avaient affublé. Restent les républicains : ces derniers se divisent en factions très différentes : d'un côté on trouve les républicains de droite, bourgeois conservateurs comme M. Carré-Lamadon, qui, en fait, s'étaient accommodés d'un régime impérial plus libéral. Ils craignaient davantage les classes populaires que l'Empereur, et s'opposaient à ce dernier d'une façon « bienveillante » et « courtoise » (p. 24).

De l'autre côté se trouvent les « démocrates », des républicains de gauche, nostalgiques de la Révolution française. Tel est « Cornudet le démoc » qui, à la fin de la nouvelle, chante les paroles de *La Marseillaise* : c'était encore, à l'époque, un chant révolutionnaire.

5 Boule de Suif
Structure du récit

La structure narrative de *Boule de Suif* est relativement claire. Son intrigue est développée d'une manière linéaire. On doit remarquer, tout de même, qu'à l'intérieur de cette linéarité de la narration, Maupassant introduit de nombreux effets de symétrie et de répétition.

UNE NOUVELLE

Bien que *Boule de Suif* soit un récit plus long que *La Parure*, les deux textes appartiennent au même genre littéraire, celui de la nouvelle. La longueur d'une nouvelle peut varier d'une dizaine à une centaine de pages ; elle doit en tous les cas être plus courte qu'un roman.

Mais la nouvelle se définit par certaines caractéristiques narratives, qui sont peut-être plus importantes que la longueur, et que nous retrouvons dans *Boule de Suif*. Très souvent, une nouvelle nous présente un tournant, ou une crise, dans la vie des personnages ; de ce fait, l'intrigue se déroule dans un temps et un espace resserrés. Quant aux personnages eux-mêmes, nous les découvrons à travers cette crise révélatrice, qui éclaire d'un seul coup leur personnalité. Ils sont donc le plus souvent réduits à leurs traits essentiels ; les personnages de nouvelle ne sont pas aussi minutieusement développés que ceux du roman.

Dans *Boule de Suif*, Maupassant suit les règles du genre en nous révélant le caractère profond des dix voyageurs, à la faveur de cette crise provoquée par l'officier prussien. La dimension symbolique de cette crise, résolue aux dépens de la malheureuse héroïne, élargit la portée de la nouvelle. Comme nous l'avons vu (cf. plus haut p. 18) Maupassant nous décrit l'état moral de la société française dans son ensemble, à travers cette anecdote particulière.

▰▰▰ LINÉARITÉ DE L'INTRIGUE

Il faut toujours distinguer la *fiction*, c'est-à-dire l'ensemble des événements de l'histoire, tels qu'ils se dérouleraient dans la réalité, de la *narration*, autrement dit l'ordre et la manière dont l'écrivain a réarrangé cette matière première dans son récit. L'écart entre fiction et narration peut être immense. L'auteur peut transformer l'ordre naturel des événements, faire des retours en arrière, ou bien au contraire anticiper sur l'avenir. Rien de tout cela dans notre nouvelle. L'intrigue de *Boule de Suif* progresse en respectant l'ordre temporel des événements. Nous avons tout au plus deux retours en arrière :
– le premier a lieu au cours du premier voyage en diligence, lors de la conversation entre les voyageurs. Boule de Suif relate les circonstances qui l'ont obligée à fuir Rouen. Nous apprenons qu'elle a agressé un officier prussien qui était venu réquisitionner son domicile.
– le second se situe lors du dîner final à l'auberge, lorsque les voyageurs célèbrent la capitulation de Boule de Suif. Loiseau confie au comte qu'il a surpris, deux nuits auparavant, Boule de Suif et Cornudet dans le corridor. Il explique au comte que la prostituée avait refusé ses faveurs au démocrate, ce qui explique la mauvaise humeur de ce dernier. Il s'agit en fait d'une répétition, puisque les lecteurs connaissent l'épisode, qui a déjà été présenté par le narrateur.

On voit donc que Maupassant utilise parcimonieusement ce procédé. Encore faut-il ajouter que dans les deux exemples cités, ce sont des personnages qui parlent. Ainsi, le narrateur n'effectue jamais directement, en son propre nom, de retour en arrière.

▰▰▰ SYMÉTRIE ET RÉPÉTITIONS

Maupassant a multiplié les effets de symétrie et de répétition dans sa nouvelle. Par exemple, le trajet en diligence, à la fin de l'histoire, rappelle étrangement la scène de voyage du début : tous les voyageurs sont réunis dans le même espace clos. Une différence majeure apparaît

cependant : au début de la nouvelle, Boule de Suif est la seule, parmi les passagers, qui ait emporté des provisions, et elle les partage, on s'en souvient, avec tous ses compagnons de voyage. À la fin, lorsque la diligence quitte enfin l'auberge de Tôtes, la prostituée est la seule qui n'ait pas songé à en prendre, et ses compagnons ne lui offrent pas même une miette de pain. Le parallélisme de ces deux scènes ménage un contraste choquant qui révèle la bassesse et l'ingratitude des notables.

Pourquoi l'auteur a-t-il construit toute sa nouvelle sur ces effets cycliques ? D'une part, on peut invoquer son parti pris de réalisme (voir chap. 9) : la vie quotidienne n'est-elle pas tissée d'actes répétitifs ? D'autre part, ces effets de symétrie soulignent la vision pessimiste de la société que nous propose Maupassant. Ces personnages égoïstes ou lâches restent toujours égaux à eux-mêmes. La crise qu'ils viennent de subir ensemble n'a pas modifié leur caractère. Quant à Boule de Suif, elle est toujours aussi exclue et méprisée à la fin qu'elle l'était au début, malgré son sacrifice.

6 Boule de Suif
Focalisation et énonciation

En lisant *Boule de Suif*, on perçoit très vite l'attitude foncièrement ironique de Maupassant vis-à-vis de ses personnages. À l'exception de Boule de Suif elle-même, pour qui le narrateur semble éprouver une certaine compassion, tous les autres personnages sont présentés sous une lumière impitoyable, qui révèle immédiatement leur ridicule ou leur bassesse. Étudions la technique narrative de cette nouvelle, sous le rapport de la focalisation — autrement dit le point de vue du narrateur — et de l'énonciation, c'est-à-dire l'attitude et les sentiments de celui-ci.

■ LA FOCALISATION

Les trois principaux types de focalisation

• La focalisation zéro

Cette focalisation était la technique la plus communément utilisée au XIXe siècle. Le narrateur assume une position quasiment « divine » par rapport à ses personnages : il sait tout de leurs pensées et de leurs émotions, et demeure lui-même extérieur à l'action. Cette technique, au XXe siècle, a été jugée trop artificielle par de nombreux auteurs : en effet, dans la réalité, personne ne peut ainsi pénétrer dans la conscience des autres. Les personnages apparaissent comme des marionnettes manipulées par un narrateur tout-puissant.

• La focalisation externe

C'est justement pour éviter cet artifice que certains romanciers modernes ont développé la technique narrative dite « focalisation externe ». Dans cette forme du récit, le « regard » du narrateur est semblable à une caméra. Il se borne à enregistrer les actes et les paroles des personnages,

sans pénétrer dans leur intériorité. Les lecteurs doivent reconstituer eux-mêmes la vie intérieure des personnages, à partir de ces données externes.

● **La focalisation interne**

Le dernier type de focalisation, dit « interne », consiste à présenter toute l'histoire à travers le point de vue d'un personnage unique. Ce personnage, dans certains cas, peut devenir lui-même le narrateur, et dire « je ». On est alors en présence d'un récit à la première personne. Mais même si ce personnage central n'est pas le narrateur, nous connaissons tout de sa vie intérieure, et les autres personnages, ainsi que le reste du monde, sont « vus » à travers sa subjectivité propre.

La focalisation dans *Boule de Suif*

Dans *Boule de Suif*, l'histoire nous est racontée par un narrateur « omniscient », c'est-à-dire sachant tout de ses personnages, et nous révélant leurs pensées et leurs émotions les plus intimes. C'est ce que l'on appelle la « focalisation zéro ». Rappelons que ce type de focalisation était la technique narrative favorite de la plupart des auteurs de fiction au XIXe siècle. Maupassant suit donc ici l'exemple de ses maîtres réalistes, Flaubert et Zola. Nous verrons plus loin (p. 47) dans quelle mesure Maupassant obéit au modèle du réalisme. On pourrait objecter que le narrateur de *Boule de Suif* ne nous livre pas toutes les pensées intimes de ses personnages, puisque nous devons attendre une dizaine de pages avant de savoir enfin pourquoi l'officier prussien refuse de laisser repartir les voyageurs. Ni lui, ni au départ Boule de Suif, ne le révèlent. Pour un temps, les lecteurs partagent donc l'ignorance des autres voyageurs, et le point de vue semble se limiter. Mais ce n'est là qu'une « ruse » du narrateur : il ménage simplement un bon *suspense* dramatique. Ce retard dans l'information ne suffirait donc pas pour dire que l'on passe à un autre type de focalisation, dit « externe », où effectivement le lecteur n'a pas accès à l'intérieur des personnages. Mise à part cette restriction momentanée, le point de vue narratif dans *Boule de Suif* correspond bien à la « focalisation zéro ».

■ L'ÉNONCIATION

Comme nous l'avons déjà dit plus haut, le narrateur de cette nouvelle n'est pas neutre, ni objectif. Il nous fait connaître sans la moindre ambiguïté le jugement qu'il porte lui-même sur ses personnages, par la manière dont il les présente. L'ironie constante du narrateur met surtout en lumière la lâcheté, la bassesse morale et l'hypocrisie de ce petit échantillon de la société française.

La lâcheté

Par quelles techniques narratives Maupassant souligne-t-il la lâcheté foncière de ses personnages ? Très souvent, on détecte le mépris qu'il éprouve pour tel ou tel à de petites phrases sans pitié. C'est ainsi qu'il nous décrit les bourgeois de Rouen comme « émasculés par le commerce ». Ils tremblent donc devant les Prussiens et sont prêts à toutes les complaisances, comme on le voit dans la suite de l'histoire. Ce manque de courage, et même de dignité, se remarque notamment chez Loiseau, qui s'empresse de saluer l'officier prussien « par un sentiment de prudence bien plus que de politesse » (p. 36).

De tous les personnages, ce sont les deux religieuses qui personnifient cette passivité soumise que Maupassant fustige. Dans cette même scène où le Prussien ordonne aux voyageurs de descendre de la diligence, elles obéissent les premières, sans réfléchir, « avec une docilité de saintes filles ». Pendant toute la nouvelle, le narrateur les présente sur un ton sarcastique, en utilisant des expressions telles que « saintes filles à cornettes » et « bonne sœur Ran-tan-plan » (p. 56).

La bassesse morale

L'ironie de Maupassant devient féroce lorsqu'il met en évidence la bassesse morale de certains personnages. Il sait utiliser la litote pour faire ressortir d'autant mieux la force de son ironie. Rappelons que la litote consiste à donner une expression modérée à une pensée très forte. Par exemple, le narrateur nous explique que si la comtesse prend la tête de la « conspiration » pour faire céder Boule

de Suif, c'est parce qu'en sa qualité de grande dame, elle est « plus assouplie que les autres aux duplicités des salons » (p. 53). Autrement dit : sa fréquentation des hautes classes corrompues l'a rendue experte dans l'art de manipuler sournoisement les autres. L'expression atténuée de Maupassant rend son mépris moral pour la comtesse encore plus accablant.

À d'autres moments, le narrateur exprime franchement, et sans nuances, son opinion : c'est ainsi qu'il juge « d'un goût déplorable » (p. 58) les plaisanteries de Loiseau.

L'hypocrisie

C'est finalement l'hypocrisie foncière des religieuses et des couples de bourgeois que l'ironie de Maupassant met le plus sévèrement en lumière. C'est ainsi que ces personnages, si vertueux en apparence, perdent très vite leur dignité dès qu'ils ont un peu bu. Au cours du dîner final, où ils fêtent leur délivrance prochaine, « le comte parut s'apercevoir que Mme Carré-Lamadon était charmante ». Elle-même, on l'a vu (cf. plus haut, p. 25) n'est pas d'une fidélité conjugale à toute épreuve. Lorsque Mme Loiseau mentionne le risque pour les femmes d'être violées par les soldats ennemis, Maupassant suggère que « la jolie Mme Carré-Lamadon » éprouve un frisson délicieux en s'imaginant « prise de force par l'officier » (p. 52). Tout ceci ne l'empêche pas de mépriser Boule de Suif, et de se ranger avec la comtesse et Mme Loiseau pour « faire un faisceau de leurs dignités d'épouses en face de cette vendue sans vergogne ». Quant à la vieille religieuse, qui vient ajouter son appui à la conspiration, en affirmant à mots couverts que le Ciel serait indulgent pour Boule de Suif si elle acceptait de « se sacrifier », Maupassant estime qu'elle mêle Dieu à des choses qui « ne le regardent guère » (p. 56).

En conclusion, le narrateur de *Boule de Suif* exprime si clairement le jugement qu'il porte sur ses personnages qu'on pourrait le qualifier d'engagé, au sens politique du terme. La « littérature engagée » est une littérature qui vise à illustrer, voire à démontrer, une thèse politique, idéologique ou morale. Dans ce genre de littérature, le narrateur exprime sans retenue ses sympathies et ses haines.

7 Boule de Suif
Le temps et l'espace

Le temps et l'espace sont assez concentrés dans *Boule de Suif*. L'histoire se déroule en trois jours, et la plupart des scènes sont situées dans des lieux clos, notamment la diligence et l'auberge.

■ LA VITESSE DE NARRATION

Rappelons brièvement le sens de cette expression. Il y a rarement une correspondance parfaite entre le temps que nous mettons pour lire le récit d'un ou plusieurs événements, et le temps qu'il faudrait à ces mêmes événements pour se dérouler dans la réalité. Lorsque la durée des événements est à peu près égale à la durée de leur représentation dans le récit, on parlera de *scènes*, pour souligner leur analogie avec le théâtre, où tout se passe en temps réel. Lorsque le récit évoque rapidement des événements qui, dans la réalité, prendraient beaucoup plus de temps pour se produire, on parle de *sommaires*. Il y a *ellipse* dans le cas de périodes qui sont purement et simplement « sautées » par la narration : c'est le cas notamment des nuits, qui ne sont pas « racontées », précisément parce qu'il ne s'y passe rien d'important pour l'histoire.

Les « scènes »

Les passages où la durée des événements correspond à la durée de leur représentation, c'est-à-dire les *scènes*, sont assez rares dans un récit. Dans la majorité des cas, les *scènes* sont les passages dialogués d'un récit. On peut supposer, en effet, qu'un dialogue prendrait autant de temps dans la réalité que nous en mettons pour le lire dans un récit, mais même dans ce cas la correspondance n'est qu'approximative. Nous lisons toujours un peu plus vite que les gens ne parlent dans l'expérience réelle.

Les scènes dialoguées sont nombreuses dans *Boule de Suif*, mais ne durent jamais très longtemps. L'un des dialogues les plus significatifs est celui entre le comte et l'officier prussien : la froideur et le laconisme de ce dernier souligne le caractère bloqué de la situation.

Les « sommaires »

Les *sommaires*, dans *Boule de Suif*, sont en majorité les passages où les voyageurs « conspirent » entre eux pour savoir comment ils vont amener la prostituée à céder au chantage du Prussien et ceux qui évoquent les conversations à table. Lors du dîner le plus important, celui du troisième soir, au cours duquel la comtesse parvient à faire intervenir la religieuse de manière décisive, Maupassant mêle la technique du *sommaire* à celle de la *scène*. En effet, tantôt il rapporte au style direct les paroles de la religieuse — on est alors dans une *scène*, puisque le temps réel et le temps de lecture sont à peu près égaux — tantôt il résume, au style indirect, les principaux arguments avancés par les interlocuteurs. Dans ce dernier cas, on revient au *sommaire*. Pourquoi cette « narration à deux vitesses » ? Cela permet à Maupassant de tirer le meilleur parti des deux techniques : avec la *scène*, il met en valeur l'impact dramatique de tel ou tel argument ; avec le *sommaire*, le narrateur « prend ses distances » par rapport aux arguments, et peut les présenter ironiquement, en faisant ressortir l'hypocrisie des voyageurs.

Les « ellipses »

Ce sont surtout les nuits, dans la nouvelle, qui donnent lieu à des *ellipses narratives*, c'est-à-dire des périodes qui sont omises par le récit. En général, l'*ellipse* est un moyen de faire l'économie d'une période sans grand intérêt, où nul élément nouveau ne vient faire avancer la narration. Dans *Boule de Suif*, la nuit est une période de maturation, d'évolution psychologique, selon le vieil adage « la nuit porte conseil ». On le voit très clairement dans ce passage, situé juste après le dîner où la religieuse a offert des justifications religieuses au « sacrifice » que tout le monde attend de la prostituée :

> Aussitôt le repas terminé, on remonta bien vite dans les chambres pour ne descendre le lendemain, qu'assez tard dans la matinée.
> Le déjeuner fut tranquille. On donnait à la graine semée la veille le temps de germer et de pousser ses fruits (p. 56).

Il apparaît donc que la nouvelle ne comporte pas vraiment de « temps morts ». Même les *ellipses narratives* font avancer l'intrigue, ne serait-ce que sur le plan psychologique.

■■■■ L'ESPACE

Comme le temps, l'espace est assez concentré dans *Boule de Suif*. L'essentiel du drame se déroule dans deux lieux clos : la diligence et l'auberge. Ces lieux clos accentuent la sensation tragique d'enfermement dans une situation bloquée. Même l'espace ouvert de la campagne normande ne suffit pas à conjurer cette sensation d'enfermement.

L'espace extérieur

La campagne environnante et la petite ville de Tôtes constituent l'espace extérieur dans cette nouvelle. Mais les rues de la petite ville sont remplies de soldats prussiens : il n'est donc pas question d'y chercher une distraction. Partout, les voyageurs y voient des rappels de la guerre. Quant à la campagne, elle est enfouie sous une épaisse couche de neige, qui la rend inhospitalière. Cette neige interdit tout espoir de fuite, comme le fait remarquer le comte à Loiseau. Ainsi, il n'y a pas d'issue : même l'espace extérieur se referme comme une prison.

La diligence

Il s'agit, par définition, d'un espace clos et resserré, où sont amenés à coexister des gens qui, normalement, vivent des destins très différents. Le manque d'espace, à l'intérieur de la diligence, abolit temporairement — et illusoirement — la distance sociale qui existe entre ces représentants de milieux très divers. C'est entre Boule de Suif et les Bréville que l'écart est le plus grand, et l'on peut remarquer que la politesse appuyée dont fait preuve le comte à l'égard de la prostituée n'est qu'une manière de garder ses distances, de rétablir l'écart que ce rapprochement spatial a provisoirement comblé.

Lors de la scène finale, Boule de Suif se retrouve tout de même isolée. Bien qu'ils soient confinés dans le même espace clos qu'au début, les voyageurs dressent un tel mur de mépris entre eux et la prostituée que celle-ci ressent douloureusement sa condition de marginale et d'exclue. Néanmoins, et c'est une sorte de « justice poétique », les notables ne peuvent échapper à la promiscuité plébéienne que leur impose Cornudet, lorsqu'il chante *La Marseillaise*. Ces aristocrates et ces bourgeois, enfermés dans la diligence, n'ont nulle part où aller pour ne plus entendre ces couplets révolutionnaires, qui constituent un défi et une moquerie.

L'auberge

L'auberge de Tôtes constitue un piège, ou une prison, pour les voyageurs. Toutefois, à la différence de la diligence, c'est un espace complexe, divisé en plusieurs « lieux » : la salle à manger commune, les chambres, le corridor. La présence du Prussien dans cette auberge est d'autant plus inquiétante qu'on ne le voit presque pas. Il quitte rarement sa chambre, et ne va pas se mêler aux voyageurs. C'est l'aubergiste qui leur transmet ses messages. Il faut remarquer que les chambres se trouvent à l'étage : symboliquement, cela suggère la position de supériorité qu'occupe le Prussien. Pour les voyageurs réunis en bas, dans la salle à manger, il se trouve « au-dessus » d'eux, et le comte, M. Carré-Lamadon et Loiseau doivent « monter » pour aller le voir dans sa chambre, lorsqu'ils vont lui demander pourquoi il refuse de les laisser partir.

On peut, en définitive, voir une intention symbolique derrière l'utilisation de tous ces lieux clos dans la nouvelle. Maupassant nous suggère peut-être que la société est fondamentalement une. Les séparations étanches que les notables veulent voir entre les différentes classes sociales ne sont qu'un leurre. Le rapprochement spatial vient démontrer ce que cette distance sociale a d'hypocrite et d'artificiel, selon la vision de Maupassant.

8 Boule de Suif
Les thèmes

Les thèmes principaux de cette nouvelle sont au nombre de trois : l'argent, la nourriture, la guerre. L'hypocrisie est également un thème important, qui a été traité au chapitre 6. On se reportera à la page 38, pour une analyse de ce motif.

■ L'ARGENT

Il est inévitable que l'argent joue un rôle capital dans une nouvelle qui contient une satire mordante des classes supérieures de la société. Quoique très différents par leur éducation et leurs préférences politiques, Loiseau, Carré-Lamadon et le comte de Bréville sont unis par l'argent.

Maupassant souligne en effet que l'argent constitue un lien puissant entre ces trois hommes et les rend « frères ». L'intention ironique est évidente : il y a un contraste frappant entre l'idéalisme inhérent à la notion de fraternité et le matérialisme intrinsèque de l'argent. D'autre part, ces trois hommes, qui sont unis par « un instinct de conservateurs », constituent une alliance très hétéroclite. Durant la Révolution française (environ quatre-vingts ans avant l'époque où se situe la nouvelle), ils auraient sans doute été ennemis : l'aristocratie, représentée par le comte, défendait ses privilèges contre la bourgeoisie commerçante, dont Loiseau et Carré-Lamadon sont deux échantillons. Maupassant veut montrer que les idées et les valeurs de chaque classe sont secondaires par rapport à la fortune, qui est la seule véritable distinction entre les individus. Ils appartiennent tous les trois à « la grande franc-maçonnerie[1] de ceux qui possèdent » (p. 27). Leur richesse provient de sources différentes : Loiseau s'est enrichi par le commerce,

---

1. Société secrète, dont les membres sont liés par un devoir de solidarité. Maupassant utilise ici ce terme au sens figuré.

Carré-Lamadon par l'industrie, et le comte a hérité des terres de sa famille.

Maupassant nous présente toute une gamme d'attitudes par rapport à l'argent. Cornudet représente le maximum de prodigalité : il a dilapidé son héritage, en se montrant trop généreux avec ses amis républicains, en compagnie de qui il a passé le plus clair de son temps à boire dans les cafés. À l'opposé, Mme Loiseau est d'une extrême avarice, et ne supporte même pas que l'on plaisante au sujet de l'argent. Son mari est plus généreux : c'est lui qui offre le champagne lorsque les voyageurs célèbrent la capitulation de Boule de Suif, à la fin de la nouvelle (p. 58).

Entre ces deux extrêmes, M. Carré-Lamadon offre l'image d'un gestionnaire prudent, comme il convient à un homme d'affaires respectable. Il a pris soin de se constituer un capital en Angleterre, qui lui permettra de vivre si la guerre l'oblige à se réfugier Outre-Manche. D'une manière générale, Maupassant présente la bourgeoisie normande comme très lâche et très avare. « Émasculés par le commerce » (p. 16), les Rouennais n'osent pas refuser de payer le tribut de guerre qu'exigent les occupants prussiens. Mais plus ils sont riches, plus ils souffrent de voir leur argent passer entre les mains des vainqueurs.

■ LA NOURRITURE

On mange et l'on boit beaucoup dans *Boule de Suif*. Pourquoi tant d'insistance sur les repas ? D'une part les repas rythment le temps de l'histoire. D'autre part, ils constituent le cadre privilégié des interactions entre les personnages.

Le repas comme lien social

Ce sont en effet les repas pris en commun qui amènent ces voyageurs — dont la plupart, au début de la nouvelle, ne se connaissent que très vaguement — à communiquer ensemble. Dans la première partie du voyage en diligence, le silence est presque complet jusqu'à ce que la faim pousse les notables à parler de nourriture. Plus tard, quand Boule de Suif a offert de partager ses provisions avec ses

compagnons de voyage, ces derniers se sentent obligés de lui parler, malgré le dédain qu'ils lui ont témoigné au préalable. Maupassant insiste beaucoup sur ce premier repas en diligence, de manière à ménager un contraste frappant avec la fin de la nouvelle, où les voyageurs, dans un comble d'ingratitude, dégustent leurs repas froid dans la diligence sans offrir la moindre miette à la malheureuse courtisane, qui a oublié d'emporter des provisions.

À l'auberge, c'est au cours des repas que les voyageurs argumentent sur les raisons qui devraient pousser Boule de Suif à céder au Prussien. Les repas en commun forment un cadre idéal pour leur entreprise : on peut parler autour de la table, sans avoir l'air de s'adresser à Boule de Suif en particulier. Cette technique est très efficace : elle permet d'influencer la courtisane, qui est obligée d'entendre ces arguments, sans pour autant la heurter de front (voir chap. 10).

Boule de Suif : un objet à consommer

La nourriture sert aussi de symbole dans la nouvelle. Les voyageurs vont livrer Boule de Suif « en pâture » à l'officier. Aux yeux de ce dernier, comme aux yeux des bourgeois, la jeune femme n'est qu'un objet à consommer, comme un vulgaire jambon. Ce n'est pas un hasard si le narrateur, quand il la décrit physiquement, compare son corps à divers produits comestibles : elle est « grasse à lard » et « appétissante ». Ses doigts sont pareils à « de courtes saucisses » ; sa figure ressemble à une « pomme rouge » (p. 26). La métaphore Boule de Suif/nourriture est d'ailleurs confirmée par l'une des plaisanteries grossières de Loiseau, qui, tourmenté par la faim, propose de « manger le plus gras des voyageurs », faisant allusion à la grosse fille. Ces comparaisons enlèvent toute dignité à cette victime, que l'on traite comme une tête de bétail.

■ LA GUERRE

De même que la nourriture, la guerre y est omniprésente, à la fois au sens littéral et au sens métaphorique.

Maupassant consacre les huit premières pages de son récit à une description très réaliste de l'ambiance qui régnait à l'époque, dans le Nord de la France occupé par les troupes prussiennes.

Au niveau métaphorique, toute la « conspiration » des voyageurs pour amener Boule de Suif à céder au désir de l'officier prussien est comparée à une campagne militaire. On le voit très clairement dans ce passage :

> Chacun convint du rôle qu'il jouerait, des arguments dont il s'appuierait, des manœuvres qu'il devrait exécuter. On régla le plan des attaques, les ruses à employer, et les surprises de l'assaut pour forcer cette citadelle vivante à recevoir l'ennemi dans la place (p. 53).

Cette métaphore de la guerre est « filée », c'est-à-dire continuée, jusqu'à la capitulation de cette « citadelle vivante » qu'est Boule de Suif. Ainsi, les arguments de la vieille religieuse « font brèche » (p. 56) dans la résistance de la protagoniste. Cette résistance est implicitement comparée au rempart d'une forteresse, qui s'effondre sous les coups de boutoir ou les obus de l'ennemi.

Évidemment, cette métaphore de la guerre est une autre facette de l'ironie féroce du narrateur : ces poltrons, qui n'ont d'autre souci que de s'abaisser devant l'ennemi, deviennent de grands stratèges quand il s'agit d'attaquer à plusieurs une malheureuse isolée, comme Boule de Suif.

Enfin, toute la nouvelle est bâtie sur une autre grande métaphore : le « viol » de Boule de Suif par l'officier est un symbole transparent du « viol » de la France par l'armée prussienne. La conquête et l'occupation d'un territoire étranger est assimilable à un viol. Ce mot peut paraître exagéré dans le contexte de notre nouvelle, puisque Boule de Suif se rend d'elle-même à l'officier, sans violence physique de la part de celui-ci. Mais n'y a-t-il pas violence morale, du fait du chantage de l'officier, et de la pression des autres voyageurs ? Du reste, à la fin du récit, Boule de Suif offre bien l'image d'une femme qui a été prise contre son gré : elle est « troublée, honteuse » et se sent « souillée par les baisers de ce Prussien » (p. 62).

9 Boule de Suif
Une écriture réaliste ?

Boule de Suif est considéré comme un chef-d'œuvre de la littérature réaliste du XIXe siècle. Rappelons que le réalisme est une conception particulière de la littérature narrative (roman et nouvelle). Ce sont Stendhal et Balzac qui en sont les précurseurs, le premier avec *Le Rouge et le Noir*, (1830), le second avec son cycle romanesque intitulé *La Comédie humaine*. Dans l'« Avant-propos » théorique qu'il rédigea en 1842, Balzac explique que le romancier doit devenir une sorte d'historien, pour révéler la vérité d'une société, à un certain moment de son histoire. Flaubert, avec *Madame Bovary* (1857) et Zola, avec son cycle romanesque des *Rougon-Macquart* (commencé vers 1870), vont dans le même sens. Ils furent tous deux les maîtres de Maupassant. Zola a voulu créer une forme supérieure de réalisme, le naturalisme, qui prend pour modèle, non plus seulement l'histoire, mais les sciences expérimentales, telles que chimie et physique, dont le roman doit imiter la rigueur et l'exactitude. En 1880, il développe cette théorie dans une étude célèbre, *Le Roman expérimental*. La même année, cinq jeunes écrivains qui se considèrent comme ses disciples écrivent chacun une nouvelle sur le thème de la défaite de 1870. *Boule de Suif* fait partie de ce recueil, intitulé *Les Soirées de Médan*.

Voyons comment Maupassant applique les « recettes » du réalisme naturaliste. Examinons ensuite dans quelle mesure la volonté de défendre une thèse l'amène à s'écarter de ce modèle.

■ LE RÉALISME DE « BOULE DE SUIF »

Dans cette nouvelle, les principales exigences du réalisme littéraire sont respectées à la lettre ; toute histoire

fictive doit en effet, dans l'optique réaliste, s'insérer dans l'Histoire réelle, ainsi que dans un cadre géographique connu. Il importe ensuite que les événements de l'intrigue se déroulent de manière logique : tout doit pouvoir s'expliquer rationnellement. Le cadre matériel et physique de l'histoire doit être minutieusement décrit. Enfin, les personnages doivent être présentés avec leurs caractéristiques sociales et professionnelles.

Le cadre historique et géographique

Tout au long de la nouvelle, et plus particulièrement au début, Maupassant rappelle les circonstances historiques de l'anecdote qu'il raconte. On se reportera au chapitre 3 pour un rappel de ce contexte historique. L'anecdote, à proprement parler, ne commence qu'à la neuvième page. Les huit premières sont un long préambule, dans lequel le narrateur décrit l'atmosphère générale dans les régions occupées par l'armée prussienne.

Plus tard, dans le cours de la nouvelle, d'autres références à l'Histoire de France apparaissent : le comte et M. Carré-Lamadon discutent de l'avenir du pays, et l'un d'eux appelle de ses vœux un « sauveur » providentiel qui restaurerait la grandeur passée. Ils évoquent les grands modèles médiévaux, Du Guesclin et Jeanne d'Arc, qui tous deux, à des époques différentes, avaient libéré la France des envahisseurs étrangers. M. Carré-Lamadon espère voir surgir « un autre Napoléon Ier » (p. 44), regrettant sans doute l'époque où les armées françaises triomphaient dans toute l'Europe. Ces multiples références historiques fonctionnent comme une garantie de réalisme, en ancrant fortement la fiction dans l'Histoire réelle.

La fidélité à la géographie est non moins importante dans un récit réaliste. Ce n'est pas par hasard, du reste, que Maupassant a choisi la Normandie comme cadre de sa nouvelle : c'est sa région natale, qu'il connaît très bien, et toutes les localités mentionnées dans l'histoire — Rouen, Tôtes, Dieppe — pourraient très bien constituer, en réalité, les étapes d'un voyage en diligence (voir carte p. 11).

Une intrigue logique

Rien, dans *Boule de Suif*, n'est invraisemblable ou irrationnel. Les événements s'y déroulent dans un ordre logique et les actions de chaque personnage y sont justifiées par des mobiles précis et intelligibles. Nous savons pourquoi, par exemple, chacun des voyageurs a quitté Rouen et se dirige vers Dieppe. Boule de Suif fuit pour sa sûreté : elle a agressé un militaire prussien, et risque donc d'être durement châtiée si elle est arrêtée. Ce détail permet peut-être de comprendre pourquoi c'est d'elle que l'officier prussien exige des faveurs. Après avoir vérifié l'identité de tous les voyageurs, il a peut-être identifié « mademoiselle Élisabeth Rousset » comme la femme que recherchent ses compatriotes à Rouen. Il sait que Boule de Suif risque une punition sévère, et calcule que la peur l'amènera facilement à se donner à lui. Les renseignements qu'il a dû recevoir mentionnaient peut-être, en outre, qu'il s'agissait d'une « femme galante ». Ce point est le seul que le narrateur n'explicite pas, mais il est facile, pour le lecteur, de reconstituer les causes probables de la conduite du Prussien.

Les descriptions minutieuses

De Balzac à Zola, tous les grands réalistes sont connus pour leurs descriptions minutieuses. Dans *Boule de Suif*, le nombre et le détail des descriptions sont impressionnants. Tous les personnages, pour commencer, sont décrits physiquement. Il est facile de les visualiser, tant Maupassant se donne de la peine pour évoquer leur physique, leurs vêtements, leurs manières. Chacun possède une marque caractéristique : la longue barbe rousse de Cornudet, la fine moustache blonde du Prussien, l'asthme de l'aubergiste Follenvie, etc.

Plus impressionnantes encore sont les évocations de la nourriture. Les repas, en effet, tiennent une grande place dans la nouvelle, et Maupassant les détaille méticuleusement : nous apprenons par le menu tout ce que contient le panier à provisions de Boule de Suif. Enfin, Maupassant s'attache à décrire la campagne environnante, le froid de l'hiver, l'intérieur « lamentable » de la diligence.

Pourquoi ce luxe de détails matériels ? Essentiellement parce que le réalisme naturaliste « à la Zola », dont Maupassant s'inspire, procède d'une conception totalement matérialiste de la vie. Il est donc logique de détailler l'ensemble de ces facteurs matériels. Dans la nouvelle, les circonstances concrètes et les besoins physiques sont les ressorts de l'action : c'est la faim qui pousse les bourgeois à se montrer aimables avec Boule de Suif, c'est le désir sexuel de l'officier prussien qui les retient prisonniers dans l'auberge.

Le statut social des personnages

Enfin, c'est là un des dogmes essentiels de l'école réaliste, les individus doivent toujours être définis par rapport à leur milieu social, leur profession, leur place dans la société. Or, c'est exactement ce que fait Maupassant. Chaque personnage, en fait, constitue en soi un *type* social, et se comporte selon les valeurs et les idées du groupe dont il est un « échantillon ». Maupassant utilise lui-même ce mot pour présenter l'officier prussien comme un « échantillon » du militaire vainqueur et arrogant. L'individualité des personnages s'efface en quelque sorte devant leur appartenance sociale. Malgré leurs différences évidentes d'éducation, Loiseau et Carré-Lamadon agissent de façon analogue : « Tous [les bourgeois] avaient le même projet, étant de complexion semblable » (p. 21). La comtesse, bien qu'ayant accédé à la noblesse par son mariage, se comporte exactement comme son mari, qui, lui, est noble de naissance. Elle a adopté tous les comportements de sa nouvelle caste, notamment, d'après Maupassant, l'esprit d'initiative et la ruse diplomatique.

■■■■ LES LIMITES DU RÉALISME

C'est précisément sur ce dernier point, l'importance du statut social, que Maupassant trahit peut-être, sans le vouloir, son projet réaliste. En effet, on pourrait dire qu'il « en fait trop », et que ses personnages sont trop prévisibles. Nous pouvons deviner à l'avance comment ils vont réagir,

car ils sont totalement prisonniers de la logique interne de leur statut social, et pour ainsi dire programmés à l'avance par le narrateur. Prenons deux exemples : lorsque tous les voyageurs subissent les tourments de la faim, en voyant Boule de Suif déguster ses victuailles, qui parmi ces gens « respectables » va céder le premier à la tentation de quémander un peu de nourriture à la « honte publique » ? Il est facile de prévoir que c'est Loiseau : ce petit-bourgeois issu du peuple, sans éducation, est incapable de maîtriser longtemps ses appétits naturels. En revanche, les autres se font un point d'honneur de résister, pour montrer leur soi-disant supériorité.

De même, lorsque l'officier prussien fait descendre les voyageurs de la diligence, ceux-ci obéissent dans un ordre bien précis, qui correspond au degré de leur patriotisme : Boule de Suif et Cornudet, bien qu'étant les plus proches de la portière, font exprès de descendre les derniers.

Enfin, l'évolution de Boule de Suif révèle également une psychologie schématique et sans surprise. Son comportement obéit à la logique de son caractère naïf et généreux : ce ne sont ni les menaces ni la lassitude qui l'amènent à céder finalement au désir du Prussien. C'est au contraire en faisant appel à la religion et aux bons sentiments que les autres voyageurs la persuadent de se « sacrifier ».

Il n'y a donc rien, de la part de ces personnages, qui puisse nous surprendre : ils sont tous un peu trop prévisibles, semblables à des automates. Or, il n'en est pas ainsi dans la vie réelle. Très souvent, les individus sont complexes, contradictoires, et leurs réactions ne reflètent pas toujours une parfaite cohérence psychologique, contrairement aux personnages de *Boule de Suif*.

10 Boule de Suif
Les techniques argumentatives

Un récit se compose toujours de passages *narratifs*, qui racontent les événements de l'intrigue, et de passages *descriptifs*, qui créent le décor où se déroule cette intrigue. Un récit comporte aussi des dialogues, qui reflètent les relations entre les personnages. Or, un dialogue est souvent *argumentatif* : un personnage met en avant des arguments logiques pour convaincre un autre personnage d'accepter une certaine *thèse*, c'est-à-dire une opinion, qu'elle soit d'ordre moral, politique, ou autre.

C'est exactement ce qui se passe dans *Boule de Suif* : les voyageurs, à la seule exception de Cornudet, s'unissent pour vaincre la résistance de la prostituée, et l'amener à céder aux désirs de l'officier. *A priori*, c'est une entreprise difficile, pour plusieurs raisons :
— Boule de Suif a déjà exprimé son refus, de manière catégorique, et l'on sait qu'elle possède un caractère très fort. Elle en fait une question d'honneur.
— Ces notables, quand ils ont appris ce qu'exigeait l'officier prussien, ont poussé de hauts cris d'indignation, comme s'ils étaient de vrais patriotes. Le comte a même qualifié « ces gens-là » (les Prussiens) de « barbares ». Il est donc difficile, sans avoir l'air de se contredire, de la pousser maintenant dans les bras du « barbare », d'autant plus qu'ils auraient l'air de mettre leurs intérêts personnels — pouvoir enfin continuer leur voyage — au-dessus de l'honneur de la France.
— Enfin, pour ces bourgeois « respectables » et ces deux religieuses, qui ont montré tout leur mépris pour le genre de vie que mène la prostituée, ce serait un comble de l'encourager maintenant à « faire son métier ».

Il est donc clair que l'on ne saurait demander franchement à Boule de Suif de se « sacrifier ». On ne peut pas non plus l'y forcer, comme le suggère le sordide Loiseau.

Il faut, comme dit le comte, fin diplomate, qu'un « sacrifice aussi pénible vienne d'elle-même » (p. 49). La « conspiration » des voyageurs vise donc à amener Boule de Suif à changer volontairement d'attitude, sans pour autant qu'on ait l'air de l'y pousser. Les voyageurs vont utiliser quatre stratégies : la flatterie, les exemples héroïques, l'argument religieux, et enfin l'argument de la charité.

■■■■ LA FLATTERIE

Depuis la célèbre fable de La Fontaine, « Le Corbeau et le Renard », on sait que la flatterie est l'un des moyens les plus efficaces pour obtenir de quelqu'un ce que l'on veut. Dans le cas de Boule de Suif, cette méthode ne peut toutefois être utilisée qu'à petites doses, et fort subtilement. D'une part, la brave fille n'est pas spécialement vaniteuse, et d'autre part, une flatterie trop voyante, venant de ces notables dédaigneux, ne serait pas crédible. Seul le comte possède la ruse diplomatique nécessaire pour cette stratégie. C'est pourquoi, après que tous les arguments ont été présentés lors du dîner de la veille, l'aristocrate, durant la promenade, décide de porter le coup final en se montrant très « complimenteur » vis-à-vis de Boule de Suif. Alliant hardiment la flatterie à la familiarité, il lui fait un compliment galant sur ses charmes, en la tutoyant (p. 57). En outre, il joue délicatement du patriotisme de Boule de Suif en lui déclarant que le Prussien ne trouvera jamais d'aussi jolies filles qu'elle dans son pays.

■■■■ LE RECOURS AUX EXEMPLES HÉROÏQUES

La grande habileté des voyageurs est justement de renverser l'argument du patriotisme : puisque c'est par patriotisme que la fille légère refuse d'être « complaisante » avec le Prussien, il faut lui montrer qu'au contraire, elle doit suivre l'exemple illustre des femmes qui par patriotisme se sont livrées à des soldats ennemis. En utilisant leurs charmes, ces femmes sont parvenues à dominer l'ennemi, et ainsi à sauver leur patrie vaincue.

Le prestige de l'Antiquité

Les bourgeois donnent plusieurs exemples tirés de l'Antiquité : la reine Cléopâtre[1], Lucrèce[2], les femmes romaines avec les soldats d'Hannibal[3]. Maupassant note d'ailleurs que ces deux derniers exemples sont historiquement faux, et se moque de ces « millionnaires ignorants » (p. 53).

On pourrait considérer que c'est une erreur, de leur part, de faire appel à une culture classique qui était réservée, à l'époque, aux classes supérieures. Il est probable que Boule de Suif a reçu une éducation trop sommaire pour pleinement apprécier ces exemples. Mais aux yeux de cette fille simple qui admire, comme nous l'avons vu, les valeurs bourgeoises, ces exemples de l'Antiquité sont de nature à l'impressionner par leur prestige culturel.

Très habilement, les voyageurs mentionnent également un exemple tiré de la Bible, celui de Judith et Holopherne[4]. En plus du prestige de l'Antiquité, qui relève de la culture des classes supérieures, cet exemple est auréolé du prestige moral de la Bible. Boule de Suif, étant donné sa religiosité, ne peut qu'y être sensible.

Un exemple moderne

Sentant peut-être que ces exemples antiques sont trop éloignés de leur situation présente, les voyageurs donnent un exemple plus récent, celui de l'« Anglaise de grande famille » (p. 54) qui tenta d'assassiner Napoléon Ier en lui transmettant une maladie vénérienne. L'exemple paraît bien choisi, puisque dans ce cas aussi le moyen d'agir est d'ordre sexuel. D'autre part, Boule de Suif est subtilement flattée par le fait que cette patriote anglaise fût d'une grande

---

1. Reine d'Égypte (62-30 avant J.- C.). Elle avait séduit beaucoup de ses adversaires, notamment Jules César.
2. Noble romaine qui se suicida après avoir été violée par le roi Tarquin, vers 509 avant J.- C. Contrairement à ce que suggèrent les voyageurs, elle ne s'était pas « sacrifiée » volontairement, et il ne s'agit pas de patriotisme.
3. Général de Carthage, qui faillit détruire Rome, au IIIe siècle avant J.- C.
4. Holopherne était un général assyrien, qui assiégeait une ville de Judée. Une femme juive, Judith, le séduisit, puis lui trancha la tête pendant son sommeil, sauvant ainsi sa ville.

famille. La modeste fille pourrait donc se comparer à une femme de la haute société.

Toutefois, le choix de cet exemple est peut-être malencontreux du fait que Boule de Suif, comme nous l'avons vu (cf. plus haut, p. 19), est bonapartiste. Elle a sans doute autant d'admiration pour Napoléon Ier qu'elle en a témoigné pour son petit-neveu, Napoléon III.

Néanmoins, ces exemples héroïques montrent à Boule de Suif qu'une femme peut, en utilisant les armes que la nature lui a données, jouer un rôle décisif dans les guerres. Ce qui apparaît comme une honteuse capitulation (céder aux désirs de l'ennemi) peut devenir un sublime sacrifice.

■■■■ L'ARGUMENT RELIGIEUX

Après la patrie, Dieu : les voyageurs, connaissant la piété naïve de Boule de Suif, qui s'est émue en assistant à un baptême (voir résumé, p. 11), s'efforcent de lui démontrer que Dieu lui-même ne pourrait qu'approuver sa complaisance envers le Prussien. Maupassant précise que l'appel à une argumentation religieuse n'avait pas été prémédité. C'est en interrogeant la vieille religieuse que la comtesse prend conscience du formidable pouvoir de cet argument. Le narrateur confirme que « chaque parole » de la nonne « faisait brèche dans la résistance » de Boule de Suif (p. 56).

Le narrateur ne nous dit pas si la vieille religieuse est parfaitement consciente du rôle qu'elle joue dans cette « conspiration ». Toujours est-il que son intervention est décisive, du fait de l'autorité que son statut ecclésiastique lui confère. En l'écoutant, Boule de Suif peut avoir l'impression d'entendre la voix de l'Église elle-même.

Tous les arguments de la vieille nonne relèvent de la casuistique, c'est-à-dire l'étude des cas de conscience et des choix moraux difficiles. Traditionnellement, l'Église considère que l'on doit distinguer l'acte lui-même de l'intention qui l'a inspiré. Si cette dernière est pure, l'acte, fût-il apparemment criminel, est justifié aux yeux de Dieu. Comme le dit ironiquement le narrateur, cette technique argumentative s'inspire du principe : « La fin justifie les moyens » (p. 55).

Évidemment, il est facile d'abuser de ce principe. Déjà, au XVIIe siècle, un penseur religieux comme Blaise Pascal

(1623-1662) critiquait l'abus de la casuistique par les Jésuites, qui étaient passés maîtres dans l'art de justifier les pires actions par des arguments fallacieux, en invoquant de nobles motifs.

■ L'APPEL À LA CHARITÉ

La charité est l'un des principes essentiels du christianisme. Si Boule de Suif veut plaire à Dieu, elle doit faire preuve de charité vis-à-vis de son prochain. C'est l'argument final qu'utilise le comte, lors de la promenade : la courtisane doit prendre en pitié ses compagnons, retenus prisonniers comme elle par l'officier. En outre, toujours d'après le comte, elle les expose par son refus à des risques graves, car si les Prussiens sont battus, ils se replieront sur Tôtes — où se déroule l'histoire — et se vengeront sur tous les Français qu'ils pourront trouver.

Mais c'est encore une fois la religieuse qui fait le plus efficacement appel à la charité de la prostituée. En effet, elle révèle à tous les voyageurs, à la fin du déjeuner, qu'elle-même et sa compagne se rendaient dans le Nord pour soigner les soldats français blessés au combat. Boule de Suif est donc amenée à considérer que par son refus, qui retient tout le monde à l'auberge, elle prive ces malheureux, blessés en défendant la France, des soins et du réconfort que leur prodigueraient ces religieuses. L'appel à la charité se double donc d'un appel à son patriotisme.

■ LE SILENCE ET LE NON-DIT

Considérons enfin une technique argumentative paradoxale, mais efficace : de même que les silences jouent un rôle dans la musique, ils peuvent être un élément décisif dans la rhétorique. Rappelons que la rhétorique est l'art de persuader autrui. Voyons comment fonctionne le non-dit, dans la « conspiration » qui vise à faire céder Boule de Suif.

Les trois couples de notables sentent que le discours tenu par la religieuse a eu un impact si puissant sur Boule de Suif qu'il vaut mieux conclure ainsi l'argumentation :

« Personne ne dit rien après elle, tant l'effet semblait excellent » (p. 56). Tout ajout de la part des laïcs diminuerait cet effet, et le silence permet à la courtisane de méditer sur les paroles de la nonne.

D'autre part, toute la stratégie des voyageurs consiste à ne pas prendre Boule de Suif de front. De même qu'on n'attaque pas de front une armée supérieure, c'est indirectement, sournoisement, que l'on s'attaque à la résistance de la jeune femme.

Premièrement, on évite de s'adresser directement à elle. Toutes ces conversations ont lieu à table, au cours des repas, et la discussion est générale. Boule de Suif entend tous ces arguments sans avoir l'impression qu'ils s'adressent à elle ou qu'ils se rapportent à la situation présente. Les voyageurs s'arrangent habilement pour que ce soit Boule de Suif elle-même qui fasse le rapprochement, et en tire ses propres conclusions. C'est seulement lors de la promenade finale, lorsque tous ces arguments ont eu le temps de pénétrer dans l'esprit de la courtisane, que le comte lui révèle directement et franchement ce qu'on attend d'elle.

Il faut relever que Boule de Suif elle-même ne participe pas à ces discussions. À plusieurs reprises, Maupassant note son silence. Elle n'oppose aucune résistance à cette avalanche d'arguments visant à la faire changer d'avis. Le silence de Boule de Suif s'explique peut-être par son manque d'éducation, et par son isolement. D'une part, elle n'est sans doute pas capable de se défendre sur un plan intellectuel, et d'autre part, elle est seule contre tous les autres. Le seul personnage qui aurait pu contre-argumenter en sa faveur est Cornudet : mais nous avons vu que ce dernier, vexé que Boule de Suif ait repoussé ses avances, l'abandonne à son sort. Bien qu'il demeure résolument étranger à la « conspiration », et qu'il la condamne, à la fin, comme une « infamie », il est, par son silence même, complice des bourgeois.

11 La Parure
Résumé

■■■ LA VIE MOROSE DE MATHILDE LOISEL

M. Loisel est un simple employé au ministère de l'Instruction publique. Ses revenus et son train de vie sont assez modestes. Mais sa femme, Mathilde Loisel, se sent faite pour le luxe : la médiocrité de son mari et de leur vie l'indigne. Elle rêve de soirées mondaines, de soupers fins, mais cette vie brillante est hors de sa portée. Elle a une riche amie, du nom de Mme Forestier, qu'elle ne veut plus voir car la fortune de celle-ci, par contraste, lui fait douloureusement ressentir sa condition médiocre.

■■■ L'INVITATION AU BAL DU MINISTÈRE

Or, un jour, son mari lui présente une invitation pour un bal donné par le ministre. Au lieu d'être ravie de cette occasion, elle explique en pleurant à son époux qu'elle n'a pas de toilette adéquate. Ce dernier lui donne 400 francs pour s'acheter une belle robe de bal.

Le jour du bal approche ; cependant Mme Loisel est triste, bien que sa toilette soit prête. Elle confie à son mari qu'elle n'a pas de bijoux et qu'elle aura honte devant la riche société qui viendra au bal. Il lui conseille alors d'aller voir son amie Mme Forestier et de lui emprunter une parure de bijoux pour la soirée. Aussitôt, Mme Loisel se rend chez son amie, qui lui montre son coffret à bijoux et lui dit d'en choisir un assortiment. Après avoir beaucoup hésité, Mathilde se décide en faveur d'un somptueux collier de diamants.

LE BAL ET LA PERTE DU COLLIER

La soirée du bal arrive, et Mathilde Loisel connaît un grand succès. Tous les hommes veulent danser avec elle; elle valse avec volupté et s'enivre de son triomphe. Enfin, à quatre heures du matin, elle repart avec son mari. Après avoir longtemps cherché un fiacre, ils regagnent leur appartement. Mais, en se déshabillant devant la glace, Mathilde se rend compte qu'elle n'a plus la parure de diamants ! Elle alerte son mari, qui, affolé, cherche dans toute la chambre, et ne trouvant rien, refait le trajet jusqu'au ministère pour tenter de retrouver la précieuse parure. Il revient à sept heures du matin sans l'avoir trouvée, et consacre la journée à faire passer des avis de recherche dans les journaux. Sa femme écrit une lettre à son amie Mme Forestier pour lui dire qu'ayant cassé la fermeture de la parure, elle la fait réparer et la lui rapportera dans une semaine.

Cette lettre leur donne un répit, pendant lequel ils recherchent désespérément la parure perdue. Mais la semaine s'écoule, et M. Loisel déclare qu'il faut la remplacer.

L'ENDETTEMENT ET LA MISÈRE

Après avoir visité plusieurs boutiques, ils trouvent une parure de diamants d'aspect identique à celle de Mme Forestier. Le joaillier leur en demande 36 000 francs, ce qui représente pour les Loisel un énorme sacrifice, mais ils l'achètent. Mme Loisel, ensuite, va la rapporter à son amie, qui ne remarque pas la substitution.

C'est alors que commence une vie éprouvante pour le couple endetté. Mme Loisel renvoie la bonne, change de logement, et loue une mansarde. Toutes ses journées se passent en rudes tâches ménagères et en sordides économies. Son mari, pendant ce temps, travaille le jour, et consume ses soirées, parfois même ses nuits, en heures supplémentaires mal payées.

Cette vie dure dix années, au terme desquelles tout est payé, capital et intérêts.

■ ÉPILOGUE ET RÉVÉLATION DE MADAME FORESTIER

Au sortir d'une pareille vie, Mme Loisel est irrémédiablement changée. Il ne reste plus rien en elle de la fine et séduisante jeune femme qu'elle était jadis. Elle est prématurément vieillie, forte, dure, et rude comme une femme du peuple de l'époque. Quelquefois elle songe à ce qu'elle serait devenue si elle n'avait pas perdu cette parure fatidique.

Un jour, comme elle flâne sur les Champs-Élysées pour se détendre un peu, elle aperçoit tout à coup une belle dame qui promène un jeune enfant. Mme Loisel reconnaît son amie Mme Forestier, qui, elle, n'a pas changé. Mme Loisel décide de tout lui dire. Elle raconte la perte de la parure et les dix années de dur labeur qui l'ont ainsi changée. Quand Mme Loisel, toute fière, annonce à son amie que désormais la totalité de la dette a été remboursée, Mme Forestier semble atterrée. Elle demande à Mathilde s'il est bien vrai qu'elle lui a rendu une parure authentique à la place de celle qu'elle lui avait prêtée, et sur la confirmation de celle-ci, Mme Forestier, fort émue, lui avoue que sa rivière de diamants était fausse, et qu'elle valait au plus 500 francs.

12 La Parure
Les personnages

Il n'y a que trois personnages importants dans *La Parure* : M. et Mme Loisel, et l'amie de cette dernière, la riche Mme Forestier. Les autres personnages ne sont que des figurants, que l'on peut assimiler à un simple décor humain du drame qui se joue entre ces trois protagonistes. Il s'agit du ministre de l'Instruction publique, dont M. Loisel est un employé, et des autres invités au bal du ministère. Ces personnages-figurants n'ont d'autre fonction, dans la nouvelle, que de souligner le charme et le succès mondain de Mathilde Loisel. Maupassant nous dit en effet que tous les hommes présents au bal n'ont d'yeux que pour elle et veulent tous l'inviter à danser.

MADAME LOISEL

Mis à part son charme physique et sa distinction naturelle, deux éléments définissent le caractère de Mathilde : son insatisfaction de sa condition sociale, et sa fierté vaniteuse.

Une femme insatisfaite

Il est clair, dès les premiers mots de la nouvelle, que ce personnage souffre d'une contradiction entre son raffinement personnel et la modestie de sa condition sociale. Sa naissance, au bas de l'échelle sociale, est une « erreur du destin » (p. 145). On doit se souvenir qu'à l'époque où écrivait Maupassant, les classes sociales étaient beaucoup plus séparées qu'aujourd'hui. Du reste, Maupassant emploie le mot « caste » dans la nouvelle : ce mot, par opposition à « classe », suggère que c'est la naissance qui détermine la place dans la société. Il n'y a guère de mobilité sociale : on tend à rester dans la condition sociale de sa famille. Pour une femme, le seul moyen d'ascension serait

le mariage ; mais en l'absence de dot, faute d'être née de parents riches, Mathilde n'avait aucune chance d'être demandée en mariage par un homme « riche et distingué ».

Ce drame se reflète dans son couple : le mari de Mathilde est un brave homme, mais sans la moindre ambition de s'élever au-dessus de sa condition. À noter, toutefois, que les Loisel ne sont pas pauvres : au début de l'histoire, par exemple, ils ont une bonne. En revanche, ils tombent dans la pauvreté après la perte du collier.

Un personnage fier et vaniteux

La souffrance de Mathilde vient de sa capacité d'imaginer une vie plus brillante. Ce n'est pas exactement de richesse qu'elle rêve, mais plutôt de toutes les petites vanités qui composent « le grand monde ». Maupassant, en décrivant les rêves de Mathilde, souligne tout ce que cette vie brillante comporte de vain et de superficiel. Comme la parure en faux diamants qui donne son titre à la nouvelle, ce grand monde n'est qu'un mirage, qui éblouit d'un éclat illusoire.

Mathilde, en fait, n'est pas privée des choses vraiment nécessaires au bonheur. Elle n'est pas dans l'indigence, et son mari l'aime et la respecte, autant qu'un homme du XIXe siècle pouvait respecter sa femme. Il faut noter, en effet, que Mathilde ne rêve pas d'un grand amour romantique. Elle désire « plaire, être enviée, être séduisante et recherchée » (p. 146). Autrement dit, elle souffre surtout par vanité. Elle voudrait se sentir élevée sur un piédestal, mise en valeur par le regard admiratif des hommes et celui, jaloux et envieux, des femmes.

Elle est elle-même une femme assez envieuse. Elle se sentirait « humiliée » d'aller au bal sans parure de bijoux, et se désole de voir son amie d'enfance vivre dans le luxe. Du reste, c'est bien cette fierté blessée vis-à-vis de Mme Forestier qui cause tous les malheurs de Mathilde. En effet, si elle avait avoué immédiatement la perte du bijou à sa riche amie, cette dernière lui aurait dit ce qu'elle lui révèle à la fin de l'histoire, à savoir que la parure était fausse, et que la perte n'en était pas bien grave. Les Loisel auraient pu facilement la dédommager, et leur vie n'aurait pas été ainsi gâchée. C'est par orgueil que

Mathilde lui cache la vérité, sans doute pour éviter d'avoir à endurer les reproches de cette grande bourgeoise, qui possède tout ce dont le destin l'a elle-même privée.

■■■■ MONSIEUR LOISEL

Le mari de Mathilde est un personnage assez médiocre, comme nous l'avons dit, mais sympathique et totalement exempt de bassesse morale.

Contrairement à sa femme, M. Loisel est un personnage « homogène », c'est-à-dire sans contradictions. Son caractère et sa condition sociale sont en harmonie. Il ne désire rien qui soit situé au-delà de ses moyens. Son émerveillement devant le pot-au-feu que sa femme lui présente pour dîner résume toute sa personnalité. Le pot-au-feu, en effet, est un symbole de la vie quotidienne et ordinaire. Il se rend compte que sa femme n'est pas heureuse, mais s'imagine naïvement que des remèdes très simples peuvent la guérir de sa mélancolie. C'est pourquoi il arbore un « air glorieux » lorsqu'il rentre un soir avec l'invitation au bal du ministère. Il n'a aucune idée des difficultés pratiques que cette soirée brillante va poser pour Mathilde.

Toutefois, il n'hésite pas à sacrifier la somme qu'il réservait à son plaisir personnel — la chasse — pour qu'elle puisse s'acheter une toilette adéquate. Il est indéniable qu'il s'efforce, dans la limite de ses moyens et de son intelligence, de rendre sa femme heureuse. Il aime Mathilde, qu'il appelle « ma chérie », alors qu'elle, pour sa part, ne lui témoigne guère d'affection.

Enfin, il se montre très noble après la perte de la parure. Il pourrait céder à la colère, blâmer sa femme pour cette catastrophe, en rejeter toute la responsabilité sur elle. Mais il ne lui fait aucun reproche, et sacrifie son propre héritage pour repayer le bijou perdu.

Le sort que lui-même et sa femme connaissent après la perte de la parure pourrait être défini comme un sort de martyr. Le mot serait un peu trop fort si Maupassant ne suggérait pas lui-même cette analogie. En effet, l'auteur précise que leur appartement se trouve situé « rue des Martyrs » (p. 151). Bien que ce détail soit réaliste, l'intention symbolique qui se superpose au sens littéral est assez évidente.

De fait, si Mathilde doit endurer « la vie horrible des nécessiteux » et s'astreindre aux durs travaux ménagers, son mari assume tout le poids financier de la catastrophe. En plus de son emploi régulier, il consacre ses soirées, et parfois même ses nuits, à des travaux supplémentaires. Bien que Maupassant ne décrive pas l'effet que ce rythme de travail a sur lui, on peut supposer qu'il en ressort, comme Mathilde, prématurément vieilli.

■■■■■ MADAME FORESTIER

La riche et élégante Mme Forestier n'est pas sans générosité vis-à-vis de son amie infortunée. Elle ne fait aucune difficulté, par exemple, à lui prêter un bijou, et la laisse choisir entre tous ceux qu'elle possède. Il est vrai qu'ils ne sont pas tous authentiques ! Mais cette sollicitude se confirme à la fin de la nouvelle, quand elle reconnaît son amie d'enfance dans cette rude ménagère sans grâce. Elle est « fort émue » (p. 156) lorsqu'elle entend son histoire, et lui prend les mains en signe de compassion.

Toutefois, Maupassant nous montre, par certains détails, qu'elle n'est pas exempte des défauts attribués généralement aux hautes classes de la société. Lorsque Mathilde, à la fin de la nouvelle, l'appelle par son prénom, Mme Forestier ne la reconnaît pas sur-le-champ, et s'indigne de la familiarité que cette simple « bourgeoise » lui manifeste. Le mot « bourgeoise », appliqué ici à une Mathilde vieillie et enlaidie, est synonyme de « simple ménagère ». Mme Forestier, elle, est plus qu'une simple « petite-bourgeoise », elle appartient à cette quasi aristocratie qu'était à l'époque la grande bourgeoisie parisienne. Sans qu'elle en ait conscience, tout son comportement est un rappel constant, pour Mathilde, de l'inégalité de leurs conditions.

13 La Parure
Structure du récit

La Parure est un récit dont la structure est très particulière. En effet, l'épilogue de la nouvelle et la révélation finale de Mme Forestier colorent rétrospectivement l'histoire des Loisel, et lui donnent un sens encore plus tragique. C'est le premier aspect à étudier. Les autres aspects qui ressortent de l'organisation du récit sont le non-dit et l'effet d'asymétrie.

LA LECTURE RÉTROSPECTIVE

Comme nous venons de le signaler, *La Parure* contient un épilogue, ce qui est commun à de nombreux récits. Ce qui est moins habituel, c'est que la révélation contenue dans cet épilogue nous oblige à reconsidérer toute l'histoire selon un éclairage radicalement différent.

Supposons que Maupassant n'ait pas écrit cet épilogue, et que l'histoire s'arrête avec la section précédente, où nous voyons Mathilde, vieillie et usée par les travaux, songeant tristement à ce qu'aurait pu être sa vie si elle n'avait pas perdu la parure. L'histoire, en effet, aurait pu s'arrêter là. Nous aurions évidemment supposé que la parure était authentique, et que les Loisel l'ont remboursée au prix qu'elle valait. Ce serait tout de même une parabole émouvante sur la vanité de l'ambition sociale, et sur l'absurdité tragique de la vie, qui peut basculer entièrement à cause d'une seule erreur ou d'un moment de distraction. Même sans son épilogue, *La Parure* aurait été une nouvelle complète.

La révélation finale multiplie au centuple cette absurdité tragique du destin, puisque le couple a gâché sa jeunesse en pure perte. L'effet de surprise est remarquable et donne à l'histoire, rétrospectivement, une puissance considérable.

■■■■ LE NON-DIT

En tant que récit, *La Parure* se distingue également par ses silences. Le narrateur nous donne beaucoup d'informations sur les personnages et les événements, mais omet de mentionner certains éléments capitaux.

En premier lieu, pour ménager son effet de *suspense*, il omet de nous informer que la parure choisie par Mathilde chez Mme Forestier est fausse. On comprend pourquoi : s'il nous le disait tout de suite, la révélation finale perdrait toute sa force.

Plus important, il omet de décrire la réaction de Mathilde à la révélation finale de Mme Forestier. La nouvelle se termine sur cette révélation, ce qui incite le lecteur à se demander : comment Mathilde réagira-t-elle ? que se passera-t-il après ? Maupassant laisse au lecteur le privilège d'imaginer différents scénarios. Le plus pessimiste de ces scénarios serait que Mathilde meure en apprenant la vérité, soit immédiatement sous l'effet du choc, soit plus tard, de désespoir. Le scénario le plus optimiste serait bien sûr que Mme Forestier aille chercher la vraie parure et la redonne aux Loisel, puisque ceux-ci l'ont payée à la sueur de leur front. Les Loisel revendraient alors ce bijou authentique, et la somme qu'ils en tireraient leur permettrait sans doute de vivre confortablement jusqu'à la fin de leurs jours. Toutefois, l'argent ne pourrait pas leur rendre les dix années qu'ils ont perdues, ni la beauté de Mathilde.

Pourquoi Maupassant choisit-il de passer sous silence les conséquences de la révélation finale ? Premièrement, pour garder toute la force de l'effet final. Cet effet de surprise tragique aurait été quelque peu « dilué » si la nouvelle ne se terminait pas sur les paroles de Mme Forestier. En outre, le destin de Mathilde est plus émouvant et frappant si l'auteur nous laisse imaginer ce qu'a pu être la fin de sa vie.

14 La Parure
Focalisation et énonciation

Étudier le point de vue du narrateur dans un récit, c'est répondre à deux questions : *qui voit?* et *qui parle?* La première de ces questions relève de la *focalisation*; la seconde de l'*énonciation*.

LA FOCALISATION

On se reportera au chapitre 6 (p. 35) pour une définition des trois grands types de focalisation possible dans un récit : les *focalisations zéro*, *externe* et *interne*.
Quel type de focalisation avons-nous dans *La Parure*?
De toute évidence, il s'agit de la *focalisation zéro*. Le narrateur raconte l'histoire à la troisième personne, et nous dévoile en détail les pensées de Mathilde Loisel. On pourrait presque dire qu'il s'identifie au point de vue de cette dernière, mais il nous dévoile aussi quelque peu les pensées de son mari. Quand Mathilde estime à 400 francs le prix de la robe qu'elle devrait acheter pour le bal, M. Loisel pense avec regret qu'il s'était réservé cette même somme pour s'acheter un fusil de chasse. Ce simple détail nous empêche d'assimiler le point de vue de *La Parure* à la *focalisation interne*, car le narrateur pénètre dans la conscience de deux personnages, même s'il accorde une prééminence très nette à l'un des deux.

L'ÉNONCIATION

On distingue traditionnellement l'*énoncé*, qui est le message proprement dit, et l'*énonciation*, la façon dont ce message est exprimé. Il est d'expérience courante que les mêmes mots peuvent prendre des sens très différents selon le ton, le contexte, les circonstances dans lesquels ils sont prononcés. C'est le même principe au niveau d'un

récit. Même si l'on reste dans la catégorie des récits à la troisième personne, on peut noter de grandes différences dans le ton du narrateur.

Certains récits sont écrits de manière très impersonnelle, avec un narrateur qui s'efforce de se faire oublier du lecteur, pour donner une impression de totale objectivité. C'était l'idéal de nombreux romanciers réalistes du milieu du XIXe siècle ; leur lecteur devait oublier qu'il lisait une œuvre de fiction, leurs romans devaient se lire, à la limite, comme des articles de journaux.

À l'inverse, certains narrateurs, même s'ils ne prennent pas directement la parole, donnent néanmoins une coloration particulière à leurs récits. Le lecteur peut deviner leurs sentiments, la façon dont ils jugent leurs personnages, etc.

Les narrateurs de ce type sont beaucoup plus subjectifs. Le style, les images, le rythme du récit, sont autant d'indications qui révèlent le degré de subjectivité de la personne qui relate l'histoire.

Le narrateur de *La Parure* appartient nettement à cette dernière catégorie. L'histoire n'est pas racontée d'une manière froide, neutre, « scientifique ». Le style est chargé d'émotion. Maupassant veut émouvoir, il essaie d'impliquer le lecteur dans le drame émotionnel de Mathilde. Pour ce faire, il manipule le rythme des phrases, les adjectifs, et les interrogations rhétoriques.

Le rythme des phrases

Certains écrivains préfèrent les phrases courtes, les notations rapides, précises. D'autres, au contraire, écrivent des phrases très longues, grammaticalement complexes. Les phrases de Maupassant, en général, sont plutôt longues et musicales. Mais le style de *La Parure* se distingue de son style habituel, en renforçant ce trait. Ce qui frappe, à la lecture de cette nouvelle, c'est le rythme énumératif de nombreuses phrases, qui sont bâties sur un modèle ternaire ou quaternaire. Voyons quelques exemples :

> Elle souffrait de
> > la pauvreté de son logement,
> > la misère des murs,
> > l'usure des sièges,
> > la laideur des étoffes.
> > > (p. 145).

Plus loin :

>Et elle pleurait pendant des jours entiers,
>>de chagrin,
>>de regret,
>>de désespoir
>et de détresse.
>>(p. 146).

Plus loin :

>Elle dansait
>>avec ivresse,
>>avec emportement, grisée par le plaisir
>>>ne pensant plus à rien,
>
>dans le triomphe de sa beauté,
>dans la gloire de son succès,
>dans une sorte de nuage de bonheur fait
>>de tous ces hommages,
>>de toutes ces admirations,
>>de tous ces désirs éveillés,
>>de cette victoire si complète et si douce
>>>au cœur des femmes.
>>>(p. 150).

Le style énumératif de ces phrases vise, de toute évidence, à reproduire l'intensité des émotions de Mathilde, le débordement immodéré de ses peines ou de ses joies. Dans la dernière phrase citée, il semble même que Maupassant vise à imiter le rythme de la danse, ici probablement une valse, qui est sur le même rythme ternaire que la phrase. À la lire, on sent littéralement le tournoiement des danseurs, et le vertige sensuel de Mathilde.

Interrogations rhétoriques et exclamations

À deux reprises dans la nouvelle, le narrateur exprime la douleur de Mathilde au moyen d'interrogations rhétoriques et de phrases exclamatives. Par exemple : « Que serait-il arrivé si elle n'avait point perdu cette parure ? Qui sait ? qui sait ? Comme la vie est singulière, changeante ! ».

Dans ce passage, le narrateur ne cherche pas seulement à informer le lecteur des tourments de Mathilde ; il vise à nous les faire partager, à susciter chez nous de la compassion pour sa peine. C'est tellement net que l'on peut se demander si c'est le narrateur qui parle, ou bien s'il ne fait que retranscrire directement les pensées de Mathilde elle-même. Ceci apparaît encore plus nettement dans cet autre passage

interrogatif : « Si [Mme Forestier] s'était aperçue de la substitution [la parure achetée par les Loisel pour remplacer celle qu'ils avaient perdue] qu'aurait-elle pensé ? qu'aurait-elle dit ? Ne l'aurait-elle [Mme Forestier] pas prise [Mathilde] pour une voleuse ? ». Dans ce passage, il est presque certain que le narrateur ne fait que retranscrire les pensées de Mathilde Loisel, en utilisant la technique appelée *style indirect libre*. Cette technique consiste à citer les paroles ou les pensées d'un personnage en supprimant les formules d'usage, comme « elle dit que... », ou « elle se demanda si... ». Cette technique, que Maupassant pouvait trouver en abondance chez son ami Gustave Flaubert, nous rapproche du personnage, en nous faisant partager son point de vue.

15 La Parure
Le traitement du temps

Afin d'étudier l'organisation temporelle de *La Parure*, nous devons rappeler tout d'abord la distinction fondamentale entre *fiction* et *narration*. La fiction est l'ensemble des événements évoqués par le récit; la narration est la manière particulière dont ils sont présentés dans le texte. Il peut y avoir un décalage considérable entre la chronologie de la fiction et celle de la narration. D'une part, la narration peut modifier l'ordre chronologique des événements, faire des retours en arrière par exemple. D'autre part, comme nous l'avons vu au chapitre 7 (voir plus haut p. 39), il peut y avoir un écart considérable entre la durée que prendraient les événements dans la réalité, et le temps qu'il faut au narrateur pour les représenter: c'est ce que l'on appelle la *vitesse de narration*.

L'ORDRE DES ÉVÉNEMENTS DANS LA NARRATION

Le narrateur de *La Parure* raconte-t-il les événements dans l'ordre où ils sont censés s'être déroulés dans la fiction? *Grosso modo*, oui. L'histoire des Loisel progresse selon l'ordre chronologique, depuis le soir où M. Loisel rapporte à sa femme l'enveloppe contenant l'invitation au bal du ministère, jusqu'à la scène finale. Cette scène est située dix ans après l'achat de la nouvelle parure, lorsque Mme Forestier révèle à Mathilde que la parure perdue était fausse.

On ne trouve pas, dans cette narration, de *prolepses*, c'est-à-dire des annonces de l'avenir, des anticipations sur ce qui va suivre. Ce serait contraire à l'effet de surprise que recherche Maupassant. Y trouve-t-on, à l'inverse, des retours dans le passé, des *analepses*? Il y en a peut-être

trois, mais qui sont très discrètes. L'une se trouve dans le premier passage mentionnant Mme Forestier : « Elle [Mathilde] avait une amie riche, une camarade de couvent [...] ». L'allusion au couvent, où les deux femmes ont été éduquées ensemble, peut être vue comme un retour rapide sur l'enfance et l'adolescence du personnage central. L'autre *analepse* se situe au moment où Mathilde, vieillie, se remémore tristement la soirée fatidique du bal. Enfin, on a un dernier retour en arrière dans la scène finale, lorsque Mathilde demande à Mme Forestier : « Tu te rappelles bien cette rivière de diamants que tu m'as prêtée pour aller à la fête du Ministère ? ».

LA VITESSE DE NARRATION

Le rapport entre la durée que prendraient les événements et la vitesse avec laquelle ils sont racontés est très variable dans « *La Parure* ». Rappelons que Maupassant a lui-même découpé son récit en sept petites sections, séparées à chaque fois par un astérisque. Voyons comment le temps du récit est traité dans chacune de ces sections.

— La section 1 est l'introduction de la nouvelle, qui consiste en une description de la vie et du caractère de Mathilde. On peut noter que tous les verbes y sont à l'imparfait, qui est traditionnellement le temps de la description. Techniquement, cette première section constitue un *sommaire*, c'est-à-dire que toutes les années de vie médiocre et de rêves déçus y sont évoquées en une seule page. Le temps de la narration est donc beaucoup plus court que le temps de la fiction (voir plus haut, p. 40).

— Les sections 2, 3, 4, et l'épilogue que constitue la section 7 sont, techniquement parlant, des *scènes*, autrement dit le temps de la narration est presque équivalent au temps de la fiction. Nous assistons aux dialogues entre Mathilde et son mari, puis à la fin entre Mathilde et Mme Forestier, et ces dialogues ne prendraient pas beaucoup plus de temps dans la réalité que celui que nous prenons à les lire.

Il y a toutefois une réserve à émettre : l'évocation du bal au début de la section 4 constitue un *sommaire*, au sens défini plus haut, car la durée entière de cette soirée est narrée en trois paragraphes. Le bal prendrait évidemment beaucoup plus de temps pour se dérouler qu'il ne nous en faut pour lire le passage qui y est consacré.

— La section 5, qui relate l'achat de la nouvelle parure et les efforts de M. Loisel pour réunir la somme nécessaire, est également un *sommaire*, pour les mêmes raisons. Plusieurs jours, voire plusieurs semaines, sont narrés en l'espace d'une page.

— La section 6 est un cas spécial, sur lequel nous allons revenir à la fin de ce chapitre. Lorsque la narration « saute » un espace de temps où il ne se passe rien d'important, on parle d'*ellipse*. Il s'en trouve plusieurs dans *La Parure*. Elles sont de durée très inégales, et se situent soit entre les différentes sections, soit à l'intérieur d'une section.

— Entre les sections : un certain laps de temps, non précisé — plusieurs jours, vraisemblablement — s'écoule entre les sections 2 et 3, et 4. Entre les sections 4 et 5, la durée de l'ellipse est précisée. La section 5 commence par la phrase : « Au bout d'une semaine, ils avaient perdu tout espérance ».

— À l'intérieur de la section 3, on trouve une ellipse d'un jour entre le moment où M. Loisel suggère à sa femme d'aller emprunter un bijou à Mme Forestier, et le moment où Mathilde suit ce conseil : « Le lendemain, elle se rendit chez son amie… ». On trouve d'autres ellipses mineures de ce type à l'intérieur de la section 4.

— Enfin, l'ellipse la plus importante, quoique de durée non spécifiée, se trouve entre la section 6 et la section finale, qui constitue l'*épilogue* de l'histoire. Par définition, un épilogue présuppose une ellipse préalable. C'est une conclusion finale, qui intervient après le dénouement du conflit, alors que l'on croirait l'histoire déjà terminée. Mais tous les épilogues ne contiennent pas une révélation aussi choquante que dans *La Parure*.

LA FRÉQUENCE DES ÉVÉNEMENTS DANS LA NARRATION

Chaque événement est-il raconté autant de fois qu'il se produit dans la fiction ? Si oui, le récit est dit *singulatif* : un événement qui se produit une fois est raconté une fois, et l'on n'en parle plus. Par définition, toutes les *scènes* que nous avons mentionnées plus haut appartiennent à ce type de fréquence.

On parlerait de récit *répétitif* si le même événement y était raconté plus d'une fois. C'est un cas assez rare, qui ne se trouve pas dans *La Parure*.

Un autre cas de fréquence narrative se trouve dans la section 6 de la nouvelle. À première vue, on pourrait y voir un autre sommaire, puisqu'en une page y sont évoqués les dix ans de labeur acharné et de misère que les Loisel ont dû consacrer au remboursement de leur dette. Mais une distinction s'impose : contrairement à la section 5, cette section 6 évoque des faits qui se sont répétés des milliers de fois au cours de ces dix ans : les tâches ménagères ingrates de Mathilde, les petits travaux supplémentaires de son mari. On parlera donc ici de récit *itératif*, comme chaque fois que des événements multiples sont évoqués en une seule mention dans le récit. Ce caractère multiple des actions est souligné, dans le récit, par des expressions telles que « chaque matin », « chaque mois », « le soir », « la nuit ».

On peut donc voir que, bien que cette nouvelle soit très courte, le traitement du temps y est fort complexe.

16 La Parure
Modèles littéraires et sens moral

Quel message Maupassant cherche-t-il à nous transmettre à travers cette malheureuse histoire ? Doit-on lire *La Parure* comme une *parabole* ou un *apologue*, c'est-à-dire une histoire qui vise à démontrer une vérité morale ou philosophique ? Si tel est le cas, le sens moral doit être assez clair, pour éviter toute erreur d'interprétation, qui enlèverait à l'histoire sa justification pédagogique. Le sens moral de *La Parure* est-il clair et univoque, comme une parabole de l'Évangile, ou une fable de La Fontaine ? Pour répondre à ces questions, il n'est pas inutile, au préalable, de rechercher les modèles littéraires que Maupassant a pu imiter en composant *La Parure*.

▰▰▰ LES MODÈLES LITTÉRAIRES

En lisant *La Parure*, le lecteur un peu cultivé éprouve parfois un sentiment de « déjà vu » (ou devrait-on dire : de « déjà lu »). Cette nouvelle rappelle, par certains aspects, une histoire célèbre, que Maupassant ne pouvait ignorer : le chef-d'œuvre de Flaubert, *Madame Bovary*.

Analogies avec *Madame Bovary*

Le parallèle avec le chef-d'œuvre de Flaubert est frappant, à tel point que l'on peut parler d'*intertextualité* entre *Madame Bovary* et *La Parure*. Il y a intertextualité lorsqu'un texte s'inspire, se « nourrit » pourrait-on dire, d'un autre texte. Rappelons ici que Flaubert avait été un véritable « père » pour Maupassant (voir la biographie, p. 7). Mathilde Loisel est une copie conforme d'Emma Bovary. Comme l'héroïne de Flaubert, c'est une « déclassée », qui rêve d'une

vie au-dessus de sa condition sociale, et qui a épousé un brave homme très amoureux d'elle, mais médiocre et incarnant toute la banalité quotidienne qu'elle déteste.

Madame Bovary contient aussi l'épisode d'un bal élégant, au cours duquel Emma obtient un éclatant succès mondain, et qui lui fait ressentir d'autant plus douloureusement la médiocrité de sa vie. La description de la soirée chez le marquis de La Vaubyessard, dans le roman de Flaubert, rappelle étonnamment celle du bal au ministère dans le conte de Maupassant. On y retrouve même le détail du mari qui s'est endormi dans un petit salon, pendant que sa femme cède au vertige sensuel de la danse. Ce détail, commun aux deux œuvres, fait ressortir le côté lourdaud de Charles Bovary et de M. Loisel. Enfin, le motif de l'endettement se retrouve aussi dans les deux récits.

Différences entre les deux œuvres

Le parallèle s'arrête là : la fin d'Emma Bovary est beaucoup plus tragique que celle de Mathilde Loisel. D'autre part, les deux héroïnes diffèrent en un point précis : si Emma, comme Mathilde, aspire à une vie plus brillante, c'est surtout d'amour et de passion qu'elle rêve. En un sens, elle est moins vaniteuse que Mathilde. Toutefois, on peut dire que cette dernière est bien affectée de cette mélancolie féminine, faite d'ambition déçue et d'ennui, que l'on appelait à l'époque le *bovarysme*, d'après l'héroïne de Flaubert.

■ LE SENS MORAL DE « LA PARURE »

Il est difficile d'y voir un sens moral unique et évident. On peut hésiter, essentiellement, entre deux interprétations, l'une favorable à Mathilde, l'autre défavorable.

Mathilde, victime de la société et du destin ?

Si l'on se laisse guider par la compassion que Maupassant semble témoigner à son héroïne (voir chap. 14, p. 68), on

peut voir en elle une victime des inégalités sociales. En effet, Mathilde a reçu les mêmes dons et la même éducation que son amie Mme Forestier, mais leur différence de fortune les fait vivre dans des univers absolument séparés. Maupassant nous dit que les dons naturels, la finesse et la grâce, « font des filles du peuple les égales des plus grandes dames ». Il est donc normal de la part de Mathilde de désirer une vie plus élevée. Son mari ne souffre pas de sa condition médiocre parce qu'il n'a pas suffisamment d'imagination ni de finesse pour imaginer autre chose. Mathilde serait donc, dans cette optique, la victime innocente d'une société injuste, où les inégalités ne sont pas fondées sur le mérite, mais sur l'argent.

Mathilde : victime d'elle-même ?

Mais Maupassant nous laisse la possibilité de lire l'histoire de Mathilde d'un œil beaucoup plus sévère. Comme nous l'avons déjà vu (cf. p. 62), Mme Loisel est une personne vaniteuse, que tourmente l'ambition d'être enviée par les femmes, désirée par les hommes, admirée de tous. Son narcissisme se révèle chez Mme Forestier, quand elle essaye des bijoux devant le miroir, et qu'elle tombe « en extase devant elle-même ». C'est encore par orgueil qu'elle refuse d'avouer immédiatement la perte du collier à Mme Forestier, aveu qui lui aurait évité l'endettement et les dix années de misère.

Si l'on suit cette ligne d'interprétation, qui est aussi valide que la précédente, Mathilde Loisel est la victime de sa propre vanité. Son histoire est une parabole sur la futilité de chercher le bonheur dans l'éclat artificiel de la haute société, en méprisant les trésors modestes mais authentiques que la vie a mis à notre portée.

Ces deux interprétations s'excluent-elles l'une l'autre ? Pas vraiment. Maupassant nous invite à tirer un enseignement moral de son conte, sans pour autant nous imposer, de manière dogmatique, une interprétation spécifique.

ÉLÉMENTS DE BIBLIOGRAPHIE

Sur Maupassant

– Henri Troyat, *Maupassant*, (Flammarion, 1989). Biographie détaillée, avec illustrations.

Sur son œuvre en général

– *Maupassant et l'écriture*. (Actes du Colloque de Fécamps, 21-23 mars 1993, sous la direction de Louis Forestier, Nathan, 1993). Des interventions intéressantes, notamment sur les rapports de l'auteur avec Émile Zola, et une section entière sur « Maupassant et les questions féminines ». Utile pour étudier les personnages féminins de *Boule de Suif* et *La Parure*.

– Michèle Gellereau, *Boule de Suif*, (Bertrant-Lacoste, coll. « Parcours de lecture », 1991). Une étude approfondie, très technique, de l'œuvre.

Sur l'art de la nouvelle

– *Maupassant. Miroir de la nouvelle*. (Actes du Colloque de Cerisy, Presses Universitaires de Vincennes, 1988).

– René Godenne, *La Nouvelle française*, (Presses Universitaires de France, 1974)

INDEX DES THÈMES ET DES NOTIONS

Les références renvoient aux pages du « Profil ».

Ambition, 61-63, 77
Amitié, 64
Argent, 22-24, 43-44, 59, 62-64, 76-77
Argumentation, 52-57
Bonapartiste, 18-20, 31
Bourgeoisie, 22-24, 31, 43-44, 50, 54, 64
Description, 41-42, 49, 72
Énonciation, 37-38, 67-70
Focalisation, 35-37, 67
Guerre, 30, 45-46, 48
Histoire, 30-31, 48, 53
Hypocrisie, 21, 24, 29, 38
Illusion, 76-77
Lâcheté, 28, 37, 46
Narrateur (position du), 35-38, 67-70
Nourriture, 23, 44
Patriotisme, 18-19, 21, 29, 53
Prostitution, 18-20, 52
Républicains, 21, 31
Royalistes, 25, 31
Réalisme, 47-51
Structure (de l'intrigue), 32-34, 65-66
Temps (vitesse de narration), 39, 72-73
Vainqueurs/vaincus, 27, 30, 46, 53
Voyage, 32-34, 41-42

LITTÉRATURE

TEXTES EXPLIQUÉS
- 160 **Apollinaire,** Alcools
- 131 **Balzac,** Le père Goriot
- 141/142 **Baudelaire,** Les fleurs du mal / Le spleen de Paris
- 135 **Camus,** L'étranger
- 159 **Camus,** La peste
- 143 **Flaubert,** L'éducation sentimentale
- 108 **Flaubert,** Madame Bovary
- 110 **Molière,** Dom Juan
- 166 **Musset,** Lorenzaccio
- 161 **Racine,** Phèdre
- 107 **Stendhal,** Le rouge et le noir
- 104 **Voltaire,** Candide
- 136 **Zola,** Germinal

ORAL DE FRANÇAIS

• 12 sujets corrigés
- 167 **Baudelaire,** Les fleurs du mal
- 168 **Molière,** Dom Juan
- 175 **Flaubert,** Madame Bovary
- 176 **Voltaire,** Candide

• Groupement de textes
- 94 La nature : Rousseau et les romantiques
- 95 La fuite du temps
- 97 Voyage et exotisme au XIXe siècle
- 98 La critique de la société au XVIIIe siècle
- 106 La rencontre dans l'univers romanesque
- 111 L'autobiographie
- 130 Le héros romantique
- 137 Les débuts de roman
- 155 La critique de la guerre
- 174 Paris dans le roman au XIXe siècle

HISTOIRE LITTÉRAIRE
- 114/115 50 romans clés de la littérature française
- 119 Histoire de la littérature en France au XVIe siècle
- 120 Histoire de la littérature en France au XVIIe siècle
- 139/140 Histoire de la littérature en France au XVIIIe siècle
- 123/124 Histoire de la littérature et des idées en France au XIXe siècle
- 125/126 Histoire de la littérature et des idées en France au XXe siècle
- 128/129 Mémento de littérature française
- 151/152 Le théâtre, problématiques essentielles
- 174 25 pièces de théâtre de la littérature française
- 179/180 La tragédie racinienne
- 181/182 Le conte philosophique voltairien
- 183/184 Le roman d'apprentissage au XIXe siècle

PRATIQUE

100 EXERCICES
- 501 L'accord du participe passé
- 502 L'orthographe
- 503 La grammaire
- 504 Les fautes de français les plus courantes
- 505 Le vocabulaire
- 506 S'exprimer avec logique
- 507 Mieux rédiger
- 508 Les pièges de la ponctuation

EXPRESSION ÉCRITE ET ORALE
- 306 Trouvez le mot juste
- 307 Prendre la parole
- 310 Le compte rendu de lecture
- 311/312 Le français sans faute
- 323 Améliorez votre style, tome 1
- 365 Améliorez votre style, tome 2
- 342 Testez vos connaissances en vocabulaire
- 426 Testez vos connaissances en orthographe
- 390 500 fautes de français à éviter
- 391 Écrire avec logique et clarté
- 398 400 citations expliquées
- 415/416 Enrichissez votre vocabulaire
- 424 Du paragraphe à l'essai

EXAMENS
- 427/428 Le texte argumentatif
- 422/423 Les mots clés du français au bac
- 303/304 Le résumé de texte
- 417/418 Vers le commentaire composé
- 313/314 Du plan à la dissertation
- 324/325 Le commentaire de texte au baccalauréat
- 421 Pour étudier un poème
- 317/318 Bonnes copies de bac, Le commentaire composé
- 319/320 Bonnes copies de bac, Dissertation, essai
- 363/364 Bonnes copies de bac, Technique du résumé et de la discussion

PROFIL CASSETTE

- 601 **Stendhal,** Le rouge et le noir
- 602 **Balzac,** Le père Goriot
- 603 **Voltaire,** Candide
- 604 **Baudelaire,** Les fleurs du mal
- 605 **Molière,** Dom Juan
- 606 **Racine,** Phèdre